SMG|智造
INNOVATIONS

生命的宽度
节目创新与人文思考

上海广播电视台总编室 编

上海三联书店

出品人

王建军

主　编

陈雨人

执行主编

朱　涛

编　委

孙　侃　蔡梦婷

姜嘉敏　田　甜

阳欣哲　韩婧雅　金　靖

目录 ▶

目录　▶

序： 怀着年轻的心前行

▼
陈雨人

│ 上海文化广播影视集团有限公司副总裁 │

"什么专业的毕业生适合从事传媒工作？"时常有人问，是形形色色大学的各类广电专业、传媒专业的学生吗？ 当然没有错，但也一定没有全对。

就 SMG 而言，多年的实践已将答案清晰地呈现在我们面前。 尤其是在移动互联网浪潮冲击全球、媒体融合快速发展的今天，我们需要的传媒从业人员，其知识结构、学业背景，已完全不局限于广电、传媒专业。 我们认为广播电视的手段只是这一行业的基础门槛，当你跨过这一扇门，未来的路能延伸多远，起作用的可能恰恰是那些广电专业之外的东西。 因此广电传媒行业既欢迎广电、传媒专业的学生，同时也青睐具有哲学、历史、文学、法学，乃至数学、经济学等各类专业背景的人才。 当然，在学术训练、知识背景这些不同表象的背后，还必须有一个共通的人格，即强烈的责任感，持续而浓厚的好奇心与学习热情，以及认准目标、锲而不舍、用心专一的执著精神。

多年前，我曾在哥伦比亚大学有过一次短暂进修。当时所在的哥大公共事务与传媒学院每周都会有一两个中午举行午餐研讨会，称为 Brown Bag Session，所谓的 brown bag 就是装三明治等午餐的棕色纸袋。每到有 Brown Bag Session 的中午，学院提供专门的会议室和免费的咖啡，邀请到全世界不同国家、不同领域的专家，与师生们进行研讨、交流。参与 Brown Bag Session 的师生，不论学院、年级、专业，人手自带一份 brown bag，一边随意午餐一边享受着脑力的激荡。我在 Brown Bag Session 上，有幸感受过几次世界级顶尖专家激烈的思想交流和交锋。那些个阳光明媚的中午，时间如水流过，头脑和心灵却获得难得的满足与释放，那种智慧的饱胀感和弥漫四周的咖啡香味，至今令我难忘。从此，我每至一个单位工作都讲过这一种思想的经历，我觉得在知识高速迭代的时代，不仅学校，每一个企业都应该有自己的 Brown Bag Session。

Brown Bag Session 也是 BBS，与 Bulletin Board System 有得一比，它是现实世界的公共空间，是洋溢着咖啡香气、可感知彼此体温的思想交往空间，是一个组织、一个团队始终保持好奇心和学习兴趣的标识。

SMG 是一个注重创意的企业，几年前在紧张的办公空间里专门辟出一个楼面作为文创空间，并将其中一个阳光最充裕的房间命名为"机房咖啡"，而台领导支持总编室将"机房咖啡"办成学习的场所。当时我正在总编室工作，我于是就希望"机房咖啡"成为我们的"BBS"，我们称之为"咖啡学校"，邀请跨行业、跨领域的杰出人士，来分享他们的新锐观点、审美方式和生活态度。从收录在本册书中的讲稿即可一窥"咖啡学校"讲座主题的丰富多彩，既有与媒体转型发展紧密相关的《迪斯尼怎么讲故事？——动画创作思维分享》《"不忘初心"——英国传统媒体的转型之道》，也有纯粹的艺术、电影、文学、历史、舞蹈等领域的创意分享，比如日本著名导演岩井俊二从他的作品《瑞普·凡·温克尔的新娘》聊开，分享其生活和创作体会；"世界舞蹈之巅的中国人"沈伟将他眼中的舞蹈艺术娓娓铺陈，等等。 现代人的忙碌往往透着虚张声势的无力感，"咖啡学校"的存在正是试图拽住我们传媒人飞奔不歇的脚步，让好奇心在此膨胀，让学习的热情得以声张，让思维来一个上天入地、信马由缰，进而令企业的生命力和创新力源源不绝地迸发。 我们将"咖啡学校"的内部讲稿进行精选、编辑成册，也是希望同更多愿意了解传媒业的朋友，一起分享我们在"咖啡学校"里收获的来自四面八方的创意信息。

做过新闻记者的约翰·密尔曾说，青年的朝气倘已消失，前进的好奇心若已衰退，人生就没有意义。 我想，一个人，抑或一个组织，都是如此。 愿我们永远怀有一颗年轻的心，兴致勃勃地走在前行的路上。

迪斯尼怎么讲故事？
——动画创作思维分享

▼

郭炜华

| 上海炫动传播股份有限公司总经理 |

这次美国的培训，当时我们选了很多主题，包括全面考察卢卡斯、皮克斯、梦工厂等。 技术使用方面，我们不输给他们，在技术研发方面，还是差几十年的距离的。 但是在故事方面，还是有我们值得学习借鉴的地方。 为什么讲这个故事？ 这个故事怎么讲？ 讲完了之后怎么营销？ 其实也牵涉到了故事的核心，今天我把主题定在了讲故事上面，分享下我在美国学习到的一些内容。

作品的好与坏，故事是很重要的因素

我觉得动画跟真人节目不一样，有想象力之外的想象力，非常有想象力，特别有热情，不受现实制作条件和现实生活的束缚。 比如说搞笑，让我们精神放松；比如说跨越一切的深刻情感，这是真人之间没有的；人和鬼之间、平行宇宙之间、人和动物之间、动物和动物之间，这是动画片可以表现的，远超于真人节目。另外一个，动画片本身的表达方式可以无限放大和缩小，外形上面的变化都可以产生动画效果。当然，我觉得不好的动画片，跟现实一样的拘谨，平淡无趣、说教、看低观众的智商、没有想象力的写实等等，不是说写实不好，是没有想象力的写实。

一个好作品，要完成哪些东西？

角色、设定、故事、场景、主题。这当中，排序也是有道理的。讲故事的时候，角色得立住，人是最重要的。举一个例子，很多人看过《老炮儿》，其实它的情节在逻辑上面是有问题的，价值观也引发很多争论，但大家为什么这么喜欢？因为这个人。所以角色是最重要的。

角色为什么能够唤起一个时代的记忆？一个人在一个特定的情境当中产生动作，有愿望、有动作，产生了故事，这个故事有它的情节线、背景、目标。这些故事发生在哪里？不是坐上一天，超现实主义的，一定是一幕一幕、一场一场发生的，所以要有场景。所有这些完成之后，就是好的故事了，哪怕主题是薄弱的，或者是你不认同的，但还是会打动你，所以我们把主题放在最后。

"设定"当中很重要的要素是什么呢？你要让主人公永远处在那个选择当中，就是我得到美人就一定要失去江山，得到江山就一定要失去美人。如果一开始就江山、美人兼得，就没有故事了，因为不存在选择，不需要选择就没有行动，就没有办法打动所有的人。"设定"当中最重要的，就是一定要想主人公为了追求他的梦想，付出的代价是什么。

还有个词，他们讲的是"韵脚"。比如《老炮儿》，大家注意到有几个场景，鸟笼子里面的鸟以及门口抽烟的老头，在整个电影当中出现了几次吗？ 大概是三次到四次。 其实在整个故事当中，包括我们给小朋友讲故事的时候，有一个点出现以后，是有暗示的，是别有意味的，一般出现三次，出现三次的时候就有特别的意思。

另外是视觉表现的问题，这里面最关键的是全世界讲故事的方式。可能中国特殊一些，中国很多故事是章回体，相应的电视剧也是这样，但大都是标准的三幕式的结构。 开场时候的状态和结尾时候的状态发生 180 度的转变，最重要的一场戏在第二场。 这里面有一个很重要的概念我们之前没有意识到，其实一个故事、一个好的电影有好多条情节线，情节线当中，A 情节线构成这个戏剧的外部动作，比如说打怪兽，去夺宝，或者赢得美人，这都是基本的情节。 但一个好的故事最后隐藏的是 B 情节。 什么是 B 情节？ 是你内心的动机，是打动你的东西，是你这部片子跟其他所有同类型片子不一样的地方。

如何讲一个好的故事？

第一，这个故事是要与我们日常生活有关的，但要让我们觉得新鲜，不能是简单生活的重复。

第二，要跟观众有关联，让观众对于角色、对于故事，产生相应的同情。

第三，故事发生的背景、环境，这个设定本身要有讲究，熟悉的环境陌生化、陌生的环境熟悉化，这就是跟我们的同构。

第四，要有惊喜，不能是很平常的表达方式。

第五，要简洁，不能想表达的东西特别多，如果做给孩子看，要打准，不能乱糟糟的。

第六，可视化，故事的讲述要可视化。

第七，要能够打动人的内心，如果不能感动别人的话，可能这个故事也是不成立的。

故事的架构模式，关键三要素

第一是角色一定要让人对他产生同情。 如果你塑造一个英雄，那出场的时候一定要给他一个大家都能接受的弱点。 如果是一个坏人，大反派，要给一个大家都喜欢的优点，才能往后发展。

第二是这个角色的目标，一定是非常重大的目标。 所谓重大的目标就是生和死，获得爱情、失去爱情，赢得财富、失去财富，是高兴还是悲伤，离别还是欢聚，这些跟每一个人的情感、生死相关的东西，构成所谓重大的目标，而不能是抽象的目标。

第三是角色的目标当中的障碍。 这个障碍得是强大的，要让观众为角色担心。 如果观众觉得我都能轻易攻破这个障碍，那主人公的挣扎就没有意思了。 这个强大是针对你的主人公而言，但同时也是针对你的观众而言的。

其实中国动画的市场还是非常庞大的。 有些好的作品，比如去年年初炫动主投的《十万个冷笑话》，票房过亿。 后面《大圣归来》又爆大冷门，票房过十亿。 大家发现，不管是在 3D 的制作还是在艺术创作上面，经过长期的代工、国际合作以后，我们技术实现的能力和产品变现的能力，包括吹资本泡沫的能力，已经居于世界一流的水平。 那为什么我们还不能把每个作品都做成《大圣归来》这样呢？ 可能还是因为讲故事的能力。 回到消费者来消费这个产品的原点，就这个原点来说，我们还是有比较大的提升空间的。

"不忘初心"
——英国传统媒体的转型之道

▼
方佶敏
| "哔哩哔哩"高级公共关系总监，原看看新闻网总经理 |

我们有一样的问题和麻烦

1. 传播的"闭环"没有了

电视台从来都是在做内容，不是做渠道，因为电视这个渠道是你垄断的，你根本不需要去做渠道，你的传播永远在一个闭环里面，没有培养传播力的问题，传统广电的问题就在这里。突然之间有一天互联网把你打破了，我们不像纸媒，纸媒已长期跟互联网撕了近十年，从新浪出现开始，所以传统纸媒的人，他们的功底、他的功力、应对互联网的传播能力远远超过我们这两栋楼里的电视人。

2. 过去的"变现"模式继续萎缩，用户快速地"抛弃"了我们

原来电视靠广告的变现模式，甚至有一些收费模式，现在都被打破，人家用免费模式，钱要从哪里来？还有一个，他们说用户快速抛弃

了我们，其实并不是抛弃。 英国有一个叫 OFCOM 的第三方机构，有点像行业协会，非常有意思，它每年都出一些调查报告，是一个行业的准则评判机构，不是执行机构。 在 OFCOM 之前的调查报告里说，年轻人不是不看 BBC，而是年轻人都在手机跟客户端上面看你 BBC 的内容，都是通过谷歌搜索看你的内容，然后 BBC 马上力推 iplayer， iplayer 已经成为英国本土仅次于 YouTube 的最大视频播放平台。

3. 市场里有一个"靠政策吃饭的家伙"不愁钱

第三个环境跟我们也一样，就是市场里有一个"靠政策吃饭的家伙"不愁钱，这个家伙叫 BBC，BBC 靠政策吃饭，它是靠电视税养着的。 在英国看电视要付电视税，否则你只能看 4 个频道。 电视税的 60% 归 BBC，所以靠政策。 我们也有一个 CCTV，CCTV 不差钱，据说上一轮的资助里面，各个央媒都拿到了亿级的资金用于融合转型。 央视在 Facebook 上就投了 1100 万，央视现在在 Facebook 的活跃度跟 BBC 是一样的。 不愁钱的同时，它把市场份额都吃了，BBC 把 46% 的市场份额吃了，比方说电视，46% 是 BBC 的，54% 留给其他的去竞争，非常累，非常苦。

4. 移动以及在 PC 跟移动端的时间比例变化

英国、美国的移动互联网发展速度非常迅速，尤其是有一个数字，我觉得很奇怪，就是 online shopping。 英国是全世界平均网络消费客单数最高的一个国家，你别以为我们淘宝天猫很厉害，一算到平均就不一样，我们的基数比较大，英国的平均值高。

PC 跟移动端的时间比例变化，也是 2014 年发生的，1 小时 54 分对 1 小时 9 分钟。 这个大家都知道，你们看看自己的行为习惯就知道了，是在 PC 停留的时间长，还是手机的时间长？ 手机是离人最近的一个媒体，是天生的媒体。

5. "高速公路"都是别人的

什么是高速公路？ 我在很多场合说，我很欣赏美国的互联网环境，谷歌通过开放建造了高速公路。 什么叫开放？ 在美国做视频网站，做媒体，比如做一个看看新闻网，不需要搭建服务器，你把内容传到 YouTube 上，我的网站上嵌入 YouTube 的播放器就可以了，这叫高速公路。 你还可以从 YouTube 这里分到钱，播放越多，YouTube 会把广告收入的 55％分给你，只要你是媒体，它会跟你分账。 高速公路是别人的，你内容生产商怎么办？ 你作为一个内容制造者怎么办？

6. 新闻业受冲击最明显

互联网就是把人联系起来，跟这个实质最接近的产业都会被洗刷一遍。 新闻业被洗刷，然后就带来了一个问题，很多人都认为新闻不值钱，这个问题其实是一个悖论。 做新闻的恰恰是一群有智慧的人，新闻是用他们的智慧、用他们的能力调查出来、收集起来的东西，这是我做新闻这么多年来一直坚持的看法。 大家肯定会有不同的看法，但我认为，不能光看报表。

传统新闻记者应该怎么办？ 这个我认为也是悖论。 我认为传统记者更有机会，专业的新闻记者在这个时期反而是需要的。 现在的问题是，我们的"专业"都到哪里去了？ 这个才是问题。 我觉得人人都是记者是件好事，一个记者的触角更广了，你可以站在"人人"的肩膀上，他们帮你收集资料，你要做核实、做取证，这是我的一个看法。

英国人发明了一个单词：Churnalism，Churnalism 指的是 60％的新闻稿都是抄来的，都是公关稿，都是引用公开信息堆积而成的。 新闻从业人员自己降低了新闻的质量跟品质，新闻变成了简单的信息传递，而其内核中没有了价值阐述，你当然要被洗刷，当然会给人以新闻业不值钱的感觉，所以新闻业受冲击，其实是自己在作死。 英国同行有个数据，现在的新闻记者工作量是 20 年前的 3 倍，但是新闻的质量确实是个问题。

7. 积极和消极面都很相似

还有一些问题，首先还是消极面。 电视收视率在英国连续两年下滑，4—15 岁儿童人群收视率暴跌。 我问过老外，他们说小孩现在看 iPad、看手机的情况很严重。 电视广告收入下降，16—24 岁的人群不购买机顶盒，而是在手机和电脑上追电视节目。

但是有一个积极面，跟我们东方广播公司的情况一样： 商业电台的收入快速增长。 我最近发现东广的广告收入非常好，我也发了邮件问了苏格兰电视台的那个老师，他告诉我的确是这样。 从广告的前景来看，新的一年也会出现非常高的广播收入增长，继续增长。

如何活下去？

1. 市场导向："到有鱼的地方钓鱼"

这是英国人的一句谚语。 你必须要到有用户的地方去做传播，你的目标用户在哪里，你的内容就投放到哪里去，到那里去做传播、做对话、做互动。 不是说我做媒体转型，我就做一个网站，做一个自媒体号，不是这样的，这样还是传统媒体。

2. 用户导向："触达"和"垂直细分"

所有的传统媒体里面的新媒体部的考核标准是触达（REACH），第一 KPI 是触达，覆盖面，抵达用户数多少，这是它的第一考核标准，然后，再做很多垂直细分领域。

3. 效率导向：不断试错和财务安全

要试错，但是试错不代表可以无限地投钱，必须保证财务安全，健康的商业模式会在第二、第三年产生效益。

渠道？ 还是内容？

我们到底是做渠道还是做内容？ 我一直在说，我们长期以来一直在做内容，没有在做渠道，我们的渠道是垄断的，你要想明白这件事。

而且我们长期是在做内容，没有做传播，就是我们手里少一个传播的能力。

另外，我们对版权的保护太差了。所以我说十几年前纸媒跟新浪的故事，现在正在广电身上发生，我们对版权的保护太差了。版权的主体到底在哪里？

还有一个是内容即入口，我现在坚信这一点。你把内容做好就行，千万别去想我做渠道还是做内容。做目标用户想要看的内容。我们现在等于改变了一种方向，从垄断渠道变成开放渠道去竞争。

新媒体的"新语态"

首先互联网的新语态一定是和技术有关的。就是你的内容产品在屏和屏之间是无法平移的。怎么讲？我一段视频可以在移动端播放，但是绝对不可能在大屏上播放，这就叫语态，这个语态是跟屏紧密捆绑的。

第二个，跟用户使用场景有关。短视频做成什么样，跟用户在什么时候看你的东西、停留时间、怎么分享有很大的关系。比如英国用户用Facebook，是在火车上、火车站、等车或者户外的碎片时间看内容，户外都是一个嘈杂的环境，他不可能戴耳机去听你的东西。Channel 4的新闻视频发布在Facebook上，就必须上唱词、上滚屏、上新闻摘要。所以它的内容做成什么样，完全跟这个有关。

第三跟目标用户的使用习惯有关。英国所有传统媒体的新媒体编辑部都有一个规定：绝不简单平移电视播出内容。他们的新媒体编辑部都会问你内容要用在哪个屏，电视屏、手机屏、OTT，还要了解平台特性、用户行为。

第四是充分和用户互动。传统媒体人要准备好去应对一个开放渠道，英国很多新媒体部门规定，在Facebook上发布内容，谁发的谁负责互动、负责回复，每一条评论看过就要回复。像 Channel 4 的新媒体部才12个人，包括视频编辑才 12 个人，非常干练。

为什么我们转型更难？

第一是技不如人。很多内容，手艺跟不上，做出来的东西匪夷所思，看不明白，现在感觉又回到了"电视语言两张皮"的状态。

第二是价值观的问题。媒体一个品牌背后隐藏的是它的价值观，没有态度、没有价值观，很难在新的传播环境下生存下去。

第三是没有试错机制。他们是熬了多少年熬出这个模式，但是我们可能太沉不住气，太希望钱砸下去马上就能成功，这是不可能的。在这个环境下，大家要相信再也不可能发生这种事。

第四是没有新品牌。新媒体时代，最重要的就是品牌，别人记住的就是品牌和品牌背后的价值观。

还有一个就是人才流失。互联网对传统行业的洗刷，最后一个环节就是人才流失，大量的人才流向了互联网。

我前面一直在讲 ITN，它原来是 ITV 的新闻部，后来独立出来成立一家公司，这家公司为 Channel 4、Channel 5 提供所有的新闻内容。它就是新闻的制播分离最成功的一个案例，第一年亏两千六百多万，第二年开始实现盈利，非常成功。这就是 ITN，告诉大家一个优秀的内容生产会带来什么，说到底还是你手上要有手艺活。

我特别想讲一下社交媒体这件事。

首先对我们来说，社交媒体一是解决源头问题，很多信息、很多内容发布在社交媒体。

第二是颠覆了议题设置的问题，就是年轻人不喜欢你给他设置议题。举个例子，BBC 报道有一群黑人砸商店，然后 Facebook 就出了一个完整版的监控录像，称 BBC 撒谎。社交媒体给年轻人一个很好的平台，就是议题由他们自己来设置，不需要你给他设置。 所以传统媒体吃亏就吃在这里，太想在社交媒体上去引领舆论，而不是去跟人互动，跟人对话，这是最大的问题。

第三，我们怎么看社交媒体跟传统媒体？ 传统电视媒体可以借用社交媒体，这个就是运作能力。 第二个是他们现在开始做双屏，做得非常多，这个世界上最好的社交电视就是 Facebook、Twitter，对我们来说就是微博，这就是最好的社交电视。 社交第二屏，创造社群、用户观众互动、直接受众反馈。

融合？ 请先想明白这些问题！

"媒体融合"，要解决什么问题？ 发展方向？ 投入？ 还是人？你有没有做新媒体的人，你做新媒体的人的脑子是不是新媒体的，这个太重要了。

Online 跟其他部门的关系，这是一个战略的问题。 我问过澎湃，澎湃说得很简单，老板想明白就行，纸媒不行了，必须要转到互联网，那就全部转过去。 原来东早那一批人功力都在，文字能力都在，传播能力都在，只是平移到互联网上，做了这么小的一个动作就成功了。

执行力的问题。 很多人满天飞的 idea，我一直在说 idea 不靠谱，团队和 team leader 非常重要。 新媒体的所有内容，就是现在的这种小团队，一个 team leader 的气质决定了你这个产品的气质。

能否"足够坚定"？ 我前面一直在讲，少看行业报告，少看别人嚼过的东西，自己去看数据，看用户反馈，重视每一个用户给你的反馈。还要试错，必须要试错，试错的前提是财务安全。 我们说的财务安全不是赚钱，我们说的是商业效率，是利润，你投入了多少，产出了多少。

像候鸟一样的赵波

▼

赵　波

| 著名作家 |

▼

孙孟晋

| 著名媒体人、乐评人、影评人、诗人 |

关于候鸟，关于赵波

孙孟晋：在我的印象中，有了赵波以后就有了一位真正的美女作家出现，她是一个很感性的女性，有时候又很直接，人缘很好。当时我觉得赵波就像城市里的一条鱼，但是现在越来越像一个候鸟，总是在空中，一会儿到这儿，一会儿到那儿，很难捕捉到她。

你的新书里有一句话：所有的心灵都敞开，所有的美酒都溢出来。但是我想问，你这本书为什么用"和候鸟一起飞"这个书名，和你的人生状态有关吗？

赵波：当时我觉得自己太像鸟，过鸟一样的生活，就月了这个名字。

上海，记忆

孙孟晋：聊一下你对于上海这个城市的感觉。因为你在第一篇关于上海的文章里也提到，以前邻居之间是可以看到对方的，现在是看不到的，门一关隔壁住了几个人都不知道。你对这个城市的记忆和感觉，还有什么可以和大家分享的？

赵波：现在回到上海，我会想到我在上海住过的几个地方。第一个地方是长乐路重庆路，我住在1921年的石库门老楼里，出来就是淮海路和长乐路。后来又住到宛平南路和双峰路，徐汇区文化馆旁边。当时我嫁给了一位上海的评论家，我们在买第三套房子的时候，感觉第二套房子比第三套房子好很多。第二套房子照道理不好，因为是底楼，房间很小，很潮湿，但是我在那里住的两年竟然是我感觉最有温度的时光，也是我和我先生感情最好的时光。

现在房子大了，但是感情没有那个时候好。我有六年的婚姻生活，那是充满柴米油盐的生活，然后我去了北京，然后是全国飞，再也没有体验过在家里做饭煲汤，等一个人回家的感觉。也没有那种情景：你回来了，我给你带了杂志，上面有你的小说或者是报纸上有你的文章……现在想起来非常感激，也非常感激我前夫给我的六年。

上海男人，北京男人

孙孟晋：谈谈你对上海男人和北京男人的比较吧。你有一句特别有意思的话，我觉得写得特别好：如果北京男人看到空气里有口号会觉得很狂，但是上海男人看得比较多，有一种务实的感觉。

赵波：我觉得北京男人对女人比较野性，因为北京的江湖就是靠权力。上海男人是呵护，他看到一个女人，就觉得要呵护她。其实女人年轻的时候还是有一点犯贱的，还是需要证明自己的能力。可能我的骨子里有一点野，我要去闯荡，要证明自己的能力，因为我去上海的时候，别人介绍我的时候会说这是吴太太，我很不高兴，我是赵波。我先生觉得很正常，我就觉得不要，我要自己的名字，我也不知道这是什么心态，可能太自我。如果我当时能把那个"我"放小一点，甚至可以像古时候的女人一样嫁人就随丈夫的姓，那样的话我可能也会过得很幸福，也不需要离开上海。

孙孟晋：我觉得张爱玲可能就会接受这种方式，而且张爱玲本身骨子里也有骄傲，你骨子里可能也有骄傲。你是断然离开上海的吗？北京什么东西让你这么向往？

赵波：我离开上海的时候是 2001 年，我现在还是觉得不后悔，因为2001 年到北京是最好的时候，天至少还是蓝的，所有精彩的人那时候还没有太老，我还来得及看到一代中国的精英，不管是知识分子还是搞电影、写作、音乐的，那个时候还能够看到他们的一点尾声。现在很多人去北京看到的已经不是我们那些人觉得精彩的东西，现在在北京看到的，是另外一代人的精彩。对于我这种文艺女青年来说，那个时候还是看到了一些非常好的东西，碰到了一些很精彩的事。

孙孟晋：但我感觉你是去征服他们的。

赵波：对，我骨子里有那种"大女人"的东西。

谈谈姜文

孙孟晋：可能北方的男人，大男子主义气质的比较多，比如说姜文，就完全是一个大男人的角色，他做演员的时候也是很强势的。像姜文这种性格的男人，你是怎么看待他在艺术里面的表现的？

赵波：我年轻的时候觉得北方的东西是南方缺少的，我在南方男人身上看到的都是好丈夫、好父亲的形象,姜文那种形象让我感觉内心向往。但是真的到北京接触以后我才发觉,和他交往的那几年当中,有时候会被征服,有时候他的气场是非常强大的。他对你特别好的时候,你会真的有一种被捧着的感觉,有一点虚荣。但是你要知道,他不会一直捧着你,所以这种东西很可怕。南方男人的恒性很长,捧你的时间很长,会捧你一辈子。但是北方男人出于自己的目的,需要捧你的时候会捧你,他的功利心很强。然后你会突然掉下来,那个时候你会觉得那是很可怕的,所有的陷阱都是以糖衣炮弹的形式出现的。

谈谈崔健

孙孟晋:聊聊崔健,因为崔健前一段时间也成为热点之一。他做了导师,介绍给我们杨乐,还有很多。你对崔健这种很男人,但是一直坚持自己的理想,又很固执,带有八十年代理想主义色彩的老大哥,是怎样评价的? 和他的交往中,有什么印象特别深刻的事?

赵波:我觉得崔健是一个少年,他的内心就是很自主,一直没有改变。不在你的生活中出现就无所谓,当你在生活当中——其实我是把他看作偶像——当他脱下帽子的时候,会让你觉得失望,当他成为生活当中一个人的时候,其实很想把崔健供在一个供堂上。

孙孟晋:可能还是一个很可爱的人。

赵波:有时候挺可爱的,我希望还是保持一点距离比较好,要不然我们会发现心里的偶像会一个一个倒塌,就希望有一些人永远活在神话里。

关于清迈

孙孟晋:我们换一个话题。在书里你写到很多的城市,像候鸟一样飞，有一部分不单单是状态，也和不同的城市有关系。清迈改变了你的人生。你和我们先聊一下，你为什么喜欢这个城市？因为清迈有邓丽君还是有张国荣？国内你还喜欢哪个城市？

赵波：有一次我得抑郁症，是在清迈好的。国内我喜欢厦门，现在喜欢台湾。这三个地方有一个共同点就是温暖，如果有海更好，但是清迈没有海。它的好处是特别慢，我一到那边突然就轻松了。我当时在北京住在二十层的楼里，觉得自己每一次站在窗口都想往下跳。但是到了清迈以后，就觉得我其实可以换一种生活，而不是每天想应该完成什么事，不需要，到了清迈就觉得我可以什么都不干。特别像夏天，一千块人民币你就可以拎包入住，还有游泳池，你会发现所有你需要的东西都是免费的。在那边每天都有阳光晒着，还有花，还有很好的空气，两边有河道，车子从河的边上开过去，每天骑一辆自行车，那个时候我就觉得我不需要为了工作，不需要为了成功，每天活着那么美好就是最好的事。

关于台湾

孙孟晋：你说到台湾，你也特别喜欢台湾，是不是你有属于这些城市的记忆？昨天我看到一句话，一个城市里面不一定是老的东西，也不一定是传统的东西，一定是和这个城市贴近的东西，给人留下的印象最深。你是不是觉得台湾有很多东西受保护？你会去那些城市找这种东西吗？

赵波：我去台湾是自由行，但我不是去看景点。我去台湾听了讲座，其中有一个是给邓丽君写很多歌的人，他还给凤飞飞写歌，你会觉得他们把那个时代的气息都带来了。我到每一个地方就要寻找会讲故事的人，那个时候你会感觉到这个地方和北京、上海不同的状态，因为他们都是目击证人，而且这些目击证人会越来越少。我去了台南、高雄、台北，这样的人很多，而且这样的人都很老了，身体都不是很好，包括我听的那个讲座的主讲人,他得了癌症。他后来和我们分享的是他的生命花园,是他得了癌症剃光头发以后的生活。

有一批最早的台湾音乐人在他的家里开沙龙,就是类似这样的文化人,我去寻找他们,包括台湾的诗人,他们聚集在一个咖啡馆,我会去寻找这些人和足迹,这样的足迹比我去那些旅游观光景点有意思。我还去了台湾的人权监狱,以前那里关押着很多当时的政治人物,不需要门票,里面都没有工作人员在旁边监视,可以随意地进去看。当时的监狱保存得非常好,还有图片介绍,在大陆类似这样的资料都是封存的,但是在台湾都可以让民众看。

城市,归宿

孙孟晋:你提到你有十年在上海,十年在北京,你会把之后的十年留给哪一个城市?

赵波:这十年我不想漂,不想走,我想留在南京写一本书。杜拉斯写自己的爱人眼光不一样,但是现在我觉得记忆的东西可能比老人想起来的事会多。现在在写一个初稿,以后可能还会加。

孙孟晋:杜拉斯一直用自己的内心去恋爱。也许你的回忆录写完了以后,又会遇到很伟大的爱情,会不会觉得写得太早了?

赵波:我可能不会爱上一个北京男人,但是我可能会爱上一个台湾人。我写的不光是情与爱,不一定写和我有直接关系的事,而是我周边的人和事。

孙孟晋:你的写作方式很真实、很直接,写了以后会不会得罪人?

赵波:我可能会用虚构的方式,我是想把小说和随笔都穿插在里面。

关于写作的男女区别

孙孟晋：有人有这样的评价，女作家其实不是很多，但是赵波的加入是文学的一种幸运。我们来聊聊写作，这也是今天一个比较重要的话题。从你的角度来看，女性写作和男性写作应该有很多的区别、很多的不同。作为你这样一个骄傲、敏感、强有力的女性作家，你觉得你的写作和男性的写作有什么不一样吗？

赵波：我不知道，可能男性更宏观吧，男性的角度更理性，女性是从感觉出发的。前一段时间我喜欢《三体》，但是我觉得那种小说只有男性写得出来，他其实也是用综合的文体，里面有像小说一样写的东西，但是也有一些东西是非常科学的，有非常科学的术语和词汇，女性写不出来，我就觉得那是一个世界。比如说把引力波的世界和情感结合起来，你永远也写不过他。

孙孟晋：你的意思就是说男性永远达不到女性的地步，女性也达不到男性的地步。

赵波：对，我觉得是两个个体，可以遥望，但是各自有各自的深度和高度，不可替代。但是男性写女人，往往会比女人自己更了解女性，因为他们是看着这些风景。

孙孟晋：我觉得很多男作家就是雌雄同体，这样的作家很厉害。我是不是可以这样说，你的经历可能要比我们多得多，你是不是一个身体力行的作家？

赵波：是。

孙孟晋：你从身体力行里面找到你的智慧，如果再给你一次机会，你还会不会这样？因为现在会让你受到很多的伤害，有时候这种伤害是致命的，是无法抵挡的。我觉得你很勇敢，包括你对别人的评价。如果再给你一次机会，你还会再走这条路吗？

赵波：会，因为人有很多的力量需要释放，如果现在把自己保护起来，不受伤，我会早死，会萎缩，会像一朵花一样提前谢掉。因为每个人需要精彩，他的使命就是需要去捶打，经历了损伤以后才会有所成就。

人生轨迹

孙孟晋：你现在反过来再回忆当年，如果你现在回到之前你觉得很珍贵的时光，你会去关注过往那些给你很多帮助的人，不管是同性还是异性，你还会珍视他们的生命吗？这种关注是透彻的关注吗？

赵波：为什么我在各地最后都留下了一帮朋友？我在上海、北京甚至台湾都可以留下交心的朋友，我觉得我还是重感情的。包括在上海，我和我前夫共同的朋友去世的时候，他都会告诉我。我们可能不存在其他的话题，但是我们生活中还有共同认识的一些人。人与人之间，因为曾经共同走过的时间和路程而联系在一起。

跨越时空：贾科梅蒂的上海之行

▼

凯瑟琳·格雷妮尔（Catherine Grenier**）**

｜《贾科梅蒂回顾展》策展人｜

为什么要把《贾科梅蒂回顾展》带到上海来展览？

第一次将贾科梅蒂的展览带到中国来，对于我们来说是一次非常重要也非常好的机会，因为它能够向不一样的观众群体介绍关于贾科梅蒂的知识，让大家了解贾科梅蒂的作品。整个展览是一个非常有野心的宏大的展览，因为它从贾科梅蒂年轻时候最早期的作品，一直展示到他在巴黎的一些作品，接着是超现实主义作品以及二战之后的作品，其中不乏他 20 世纪非常具有代表性的作品以及他晚年的一些大型的、具有代表性的作品。

贾科梅蒂出生在一个艺术世家，他的父亲是一位非常知名的画家，他最开始跟着父亲学画，学习艺术，然后在 19、20 岁的时候去巴黎学习创作，之后就有了他一系列的艺术人生。

贾科梅蒂刚到巴黎的时候，工作室只有 24 平米，但这个工作室一直被用到他的晚年。

当然不得不提的是，大家在这次贾科梅蒂的回顾展中一定会看到他最著名的《行走的人》、《匙型女人》、《鼻子》等代表作。 除此之外，还会向大家展示贾科梅蒂基金会所收藏的一些跟他工作室相关的摄影作品等。

《行走的人》(1960)

贾科梅蒂的模特有什么特别之处？

在这次展览中，我们想要呈现的是如何以他的作品去表现艺术的美和力量，如何让观众同时去理解贾科梅蒂的作品。 贾科梅蒂并不像其他的艺术家那样经常去换雕塑肖像的模特，他经常会使用的模特是他的弟弟迭戈和他的妻子安妮特。他一直针对这两个模特去做不同的雕像。但是我们要注意的是，他并不是一个肖像雕塑家，对他来说，他的弟弟迭戈和他的妻子安妮特不仅仅是他们本人，更是整个人类形象的代表。

我们要注意的是，虽然现在贾科梅蒂可以说是被公认为 20 世纪最重要的艺术家之一，但是在他自己所处的时代，他并不是一个主流艺术家。他经常在自己的艺术世界当中独自创作，创造自己独立的特色，他并不在乎当时艺术的流行趋势是什么样的。他希望自己的作品能够上承古代的那些艺术想法，并且能够无限地将自己的影响力延伸到未来，去思考人的终极意义。

用什么办法体现贾科梅蒂的当代性？

最重要的一点就是贾科梅蒂作为一个雕塑家对于当代的态度，比如说从他雕塑的规格就可以看出来。一个小故事：在上世纪 50 年代的时候，贾科梅蒂受到一些建筑师朋友的邀请，他们想要看一下贾科梅蒂的雕塑是什么样的。这些人等了很久，贾科梅蒂来了。建筑家们就问他：“你的作品给我们看一下？”贾科梅蒂从兜里掏出一个很小的雕塑说，你看，这就是我的雕塑。我们想说的就是，在呈现当代性的时候，当代艺术作品对于规模大小是非常敏感的，雕塑采用不同的规模，给人带来的直观感觉是不一样的。贾科梅蒂的这样一种态度也是当代性的一个例子。

贾科梅蒂作品的战后心理与人文精神

贾科梅蒂不是一个做抽象艺术的艺术家，他也非常反对那种迂腐的学术派作风，他不希望呈现一个纪念碑式的作品，他是一个非常具象的雕塑家。 我们看《行走的人》，它本身其实就是纪念碑式雕塑的一个反面，因为它体现的是人的自由，体现的是人在二战之后有什么样的理想、有什么样的想法。 更重要的是从这个作品当中看到人的未来是什么样的。

哪些艺术家影响了贾科梅蒂的创作？

有很多艺术家都影响了贾科梅蒂的创作，但是所有的影响都是无形的，没有办法在贾科梅蒂的任何一件作品当中去上溯说，他是直接受到哪一位艺术家的影响。 其实他的很多灵感是取材于一些早于他的艺术家，还有与他同代的艺术家，但是仅仅是汲取灵感而已，包括他同时代的一些立体派艺术家，还有很久以前的那些古老的艺术，比如非洲、埃及等地的古艺术。 但是在他的作品当中，最重要的一点是对各种影响进行一个有效的合成。

《高个女人（四）》（1960）

文学在网络上的意义

▼

陈　村

| 上海市作家协会副主席，上海网络作家协会会长 |

　　朋友们下午好！　今天很高兴来到电视台，我今天临出门的时候眼镜突然找不到了。　我现在戴和不戴差不多了，但是别人看惯我戴眼镜的样子。　出门的时候我老婆说，人家以为你是冒充的。

　　今天谈一谈文学与网络的事。　其实我们一直在问，但从来没有解释清楚，文学是什么。　很多年以来，我们对它的解释一直是在变化的。

　　首先，对文学和非文学的界定就是混乱的。　以往并起来，比如鲁迅先生，鲁迅写的日记，我们知道收在《鲁迅全集》里面的叫文学。　凭什么我们写的日记就不叫文学？　如果当年我们的日记没有上网，没有发表，就不叫文学。　现在已经上网了，已经有了日志，叫不叫文学？所以就变得很糊涂。　以往用散文、杂文、小说、剧本定义的文学，到了网上就开始有一些模糊。　还有一些变化是非常显著的。　我刚才是从《上海文学》杂志社那里过来的，我的第一篇小说 1979 年发表在《上海文学》上。 当时一个作者写作后去投稿，编辑觉得可以，找你过去修改后发表，他们再拿去印刷，印刷以后送到书店或者送到报刊亭去卖，以前都是这样的过程，延续很多年，我们都觉得很正常，我们心安理得。

但是，也有一个坏的方面。 我写完的东西，比如说我昨天晚上写完，要发表在《上海文学》这样的月刊上，被别人看见一般需要半年甚至更长的时间。 刚才一位上海老诗人就在抱怨，他的诗迟迟没有被人看见。

我们现在就会有点恼火，觉得这事等不起，我们人才活多少天多少年。 但现在可能一个回车一个帖子就上去了，我不要稿费。 有时候一笔稿费可能要等一年，你获得的报酬跟你的劳动不衔接，这个报酬对你的劳动没有激励的作用。 我们都看过马戏团表演，一头熊在上面表演，做两个动作，就给它两块东西吃，不给它吃，它就不演。 我觉得这是比较好的方式。 我在这边写完一页纸，旁边编辑立马给我一个 U 盘，再写多一点，给我一个 iPhone，我马上会觉得好极了，就会有强大的激励作用。 我们以往做不到，以往写作和发表都是隔离的。

现在有网络了，有一些传统的作家也到网上写东西了，比较著名的有《上海文学》主编金宇澄老师写的《繁花》，花了好多时间，很多人很喜欢看。 《繁花》就写我们这个城市。 这么一个资深的作家，一个老编辑，没事跑到论坛上面写作。 如果以前的方式非常合理，他就不必到那儿去写。 他觉得在网上写很好，一边写可以一边跟人家互动，坚持把一个长篇写完了。 我们知道写作是很寂寞的，把这个寂寞的工作给做完，这点非常好。 写完后修改一下，在《收获》杂志发表，然后在上海文艺出版社出版，就变成大家看见的那本书。 这就变成了另外的生产方式，以前我们没有这种生产方式。

文学上了网络以后，第一是作者的改变。 从数量上讲，以前没有那么多作者。 以前一个人学会识字没有多少用处，一个人从小到大，学了多少语文课，有一些要求进步的人会写个入团入党报告，如果变成贪官会写一个忏悔录，一般的人走远了会写一封家书。 文字让我们认识一些商标，"老大房"、"王家沙"，认识字就知道这是条什么路，但是平常没有什么作用。 你想，有一天文学的生产力被解放了——不是说我们这些人，我本来是上海作家协会职业作家，去年退休了。 一个职业作家的工作就是写作，其他人是没有这个任务的，他不必去写。而且最坏的是，他写的是没用的，写了以后也很难发表。 你投稿一百次，可能给你中了三次，你就没劲了。 因为一件事情不受鼓励，得不偿失，人们就不会做。

但有一天事情发生变化了，出现了一个叫网络的东西，用它写作没有什么成本。 你知道，把一篇文章印到书上去是有成本的，有印刷费，有纸张费，有编辑费，有很多费用。 到了网上，多这一篇没有什么成本。 这文章可以随便怎么写，不要编辑老师批准，也不要主编大人签字，就可以面世，你就很高兴。 从理论上来说，你贴在网络上的这篇文章，只要给人家一个网址，全世界都可以看见，这样的好事激励了一大批人投身于这个事情。 如果一个东西是有意思、有效的，人们就会做下去。 如果没有意思，人们就会停下来不干了。

以前的读者很少。 现在有人批判今天的人，说现在小孩子不读书，读书少，我就说不对。 因为我这个年纪的人，或者比我长一辈的人，其实没读过多少书，那个时候一般人的家里是没什么书的。 我小时候我妈妈的工厂里面要求订一份《支部生活》，我总是翻到最后一页，因为最后一页有幽默的东西。 一般人看报纸会到报廊那里，很多人围在那边看。 后来我们改革开放了，中国人有钱了，富一点了，其中一个好处就是我们可以买书了。 以前搞文化封闭，没有什么书好买，后来出了一些书，你可以买书了，你可以买杂志，很多人家里开始有杂志，他们变成读者了。 我们有一份刊物叫《读者》，以前没有什么读者。 今天可以订一份《知音》《女友》《故事会》，也可能会要订一份《读书》这样的杂志。 在这种情景下，人们的阅读生产力也被解放了。

其实人们愿意读很多东西，只是当时没有钱，或者说没有那么多东西可读，他就不读了，后来就好了，慢慢有这样的条件，人们就开始读书了。 记得我在大学的时候，那个时候说是纸张紧张，许多热销的书都限制印刷。 上海曾经有一件非常宏伟的事，在南京东路新华书店排队买书，不得了的人，排了好长好长的队伍，连绵好几条马路，就是为了买那些古今中外的名著。 那个时候如饥似渴地要去看一本书。 如果我能够订到一份《外国文艺》我就很高兴，当时《外国文艺》不让订，不开放。 买到一本《外国文艺》的年轻人，拿在手里，比较洋腔洋调，也比较有面子。

我在大学的时候，一个书店小老板明明有书，就不卖给我们，很恼火，恨他，后来我写文章的时候顺便损了他一句：这个人太坏，我要是早点读到好书，我陈村现在就不是这个样子，可能就没莫言什么事了。

读者们现在愿意读，孜孜不倦，连手机上都能读，真是方便得很，走到哪儿就可以读到哪儿，读者也多了，流通也比较好了。 以前写稿子发表出来很慢，而且流通很慢，还要到邮局寄稿子，如果寄丢了也无从查找。 后来我写了一个中篇小说《少男少女，一共七个》，那时候有录音机了，我读了一遍录下来，万一丢了，还有声音记录在。 现在可以从各种渠道，也可以从社交网络，通过 email 就把一份东西传出去。 读者要看到它很容易，中间环节都没有了。

现在编稿子都有责任编辑，编辑在给你编稿，以后这个编辑可能未必存在了。 你自己写博客，博客是没有责任编辑的，你就自己写完贴在那儿，如果你写得不好，文理不通，错别字特别多，人家看了一次下次就不来了。 我在国外看到过，Google 那边有一个卖书的地方，写好了之后可以直接去卖，中介也跳开的。 以前必不可少的人，到了一个新的形态下，不再是必不可少的。 如果你喜欢编辑也可以，觉得还要写得更好一点，可以自己出钱请一个私人编辑，某一个编辑业务很好，请他像请私人教练一样，让我的文章更出色。 但是所谓行业里，可能这一行就衰退了。 现在网站上，我把你放在第一页还是最后一页，可能大有讲究，但只要竞争充分，这些编辑也不管什么用。 你的东西那么多人喜欢看，它就好，像 BBS 里面有一个功能，跟帖的人多就反复自动跳上来，有很多帖子就是这样被关注的。 喜欢看，也不是因为哥们儿认识他，故意当托，就是喜欢而已。 我们知道很多网络作家，一开始都是这样成名的。 像我认识的宁财神、安妮宝贝，他们没有什么后台，也不是什么书香门第的身世，就是因为人家觉得这个人的文字很有趣，就去追他们，点他们，使他们成为中文互联网上最早一批被崇拜的作者，那时没有"网红"这个词，实际上就是"网红"。

如果没有编辑呢，还有批评，我们有些批评家会批评。 批评家很刁，这个行业里经常把文学分成通俗文学和纯文学，莫言写的是纯文学，像《哈利·波特》就是通俗文学，通俗文学一般是不评论的，由大众来评论，《哈利·波特》写得再好，评论家只会从社会学角度来评论，文艺性一般不去涉及。 而且再多的人看，它也不会得诺贝尔奖，诺贝尔奖不鼓励这样的作品，它鼓励对文学有创新、对人性有发掘的东西。 文学就渐渐变成跟很多商品一样了，比如说我喜欢喝啤酒，哪种啤酒好，我其实不大知道，或者我都喝过才知道，但是我也喝不过来，有时候你就会找一个你相信的人，这个人可能是一个明星，比如说一个球星，他给你代理啤酒的事，另外一个明星代理其他的事。 有时候你看到广告，这个广告投入很大，把脸啊头发啊都做得美仑美奂，一个美人出来手舞足蹈，最后推出一条卫生巾。 这个美人的颜值其实和卫生巾的质量没有关系。 但是人们不这么想，人们相信这个人，知道他叫什么，喜欢看他的电影，对他所推荐的东西爱屋及乌，有亲切感，就买他代言的东西，就变成一个传销似的模式。 但是这个传销还是无法对抗口口相传的模式，人们更相信一个自己觉得靠谱的朋友的推荐。

文学消费也变成一件小事。 今天跟以前不一样，以前你觉得买本书很贵，一个月才挣三十块钱，一本书可能五毛钱或者一块钱，你就觉得很贵，现在书的价格相对来说不那么贵了。 中国还有一个意外的方便，中国是盗版大国，你到网上一看，要命了，一个链接里面有十五万本书，一个镇上图书馆都没有那么多书，十五万本书，都弄下来你哪能看掉？ 所以，你的阅读是最重要的，花点钱这些都变得不重要了。 因为现在人比较有闲，所以网络文学的产业也做起来了。 我上午跟阅文集团的朋友一起开会，网络小说开始的时候就是忽悠人过来，我给你看十万字，前面十万字不要钱，讲一个男的跟女的怎么要好，被她妈反对。 当你看完十万字的时候，你会很想看下去，每千字付两三分钱。早先的读者花的钱都是打游戏剩下来的，盛大本是游戏网站，很多人喜欢玩，打下来还有三毛钱、五毛钱，听说那边有一部小说好看，就买了会员来看。 就是因为这样渺小的事情，造就了那么大的产业。 今天还是这个模式，收费阅读，收费之后网站跟作者分，一个平台可以维持下去。 要是一直都给你免费看，平台就要垮掉。 我以前在"榕树下"，最后烧钱烧完了，就出事了。 现在这个模式运营很多年，大概从 2003 年开始，到现在已经十多年了，从卖文字到卖影视、游戏的版权，越做越大，变得非常成熟了。

以前是不讲道理的，凭什么你是作者，我是读者，我连议论你、反对你的地方都没有？ 现在没有这样的事情。 我看着不满意，可以在网上说。 读者有很多渠道发泄他的不满，或者表示他的喜欢。

还有一个改变，文学的生产力。 我也不知道为什么，中国人很喜欢写字。 中国人眼中的写字里面有一点冒犯的意思，文字造出来"天雨粟鬼夜哭"，是非常了不起的事，揭示了文字有它神秘的力量，不是一件简单的事情。 我们慢慢习惯了，不仅可以当一个读者，也可以当一个作者，每个人都在写自己的东西，包括年纪大的人。 我说过一些年纪比较大的人，说起来你德高望重，子孙满堂，其实小孩子不大知道你的经历。 我的母亲对我非常好，她去世以后我才想起来，在我的脑子里面她的经历不连贯，她给我讲过很多故事，这些故事在我脑子里串不起来，有许多空白。 你会觉得总是个大的缺憾。 今天的老年人也曾经年轻，他有很多欲望，有很多坎坷，也有很多经历，他内心肯定有很多东西未被诉说。 其实每个人都可以表达，不一定要当作家，或者只能是年轻人可以表达。 我觉得各种年龄段的人，包括很小的小孩子，都有意愿表达。 当人们纷纷都要说话的时候，就会变成一个很浩瀚的气象。

前些天我当了一个新办的电子刊的主编，叫《网文新观察》，今年第一期刚上线，发刊词用了王朔的一段话，写于 2000 年的一段话： 以后那些写作的人苦了，我们面对的不是更年轻的作家，而是全体有书写能力的人民，人民战争的汪洋大海。 人人都可以写东西，你靠文字获得种种东西就难了。 今天就是这样的情况，所有人都可以写作，当然有些人写得好，有些人写得不好，写得好的人更容易被选中。 这个跟我们也一样，所有人都有意愿要表达自己，都有意愿要学好，要做好，每个人都要把自己弄得好看一点。 尽管你可能不同意他的审美，但是他比较整洁，不邋遢，看起来就舒心一点。 当所有人都不要好看了，马路上就会变成鬼哭狼嚎的地方。

以前我们通讯都很困难，现在多好，如果家里有孩子在外国，每天都可以见他，每天跟他视频，可以说话，以前写封信要半个月，收到回信已经很晚了。 古时候皇上发十二道金牌把岳飞召回，要累死多少马，要当面宣读圣旨。 今天你看多方便。 你想打仗的时候瞬息万变，皇上在京城里面也看不到现场的样子，他发了一条命令可能到现场已经过了半个月，成吉思汗发一条命令到欧洲去，可能两个月过去了。 所以会有"将在外君命有所不受"的说法，你可以选择有节制地听从命令。 但是我们古来就没有这种说法： 士在外君命有所不受，文官不行，文官必须要听话。 但是现在变成网上飞快地流传，信息以电波的速度流传并扩散。 有的时候是一则新闻，比如说什么地方地震了，半夜两三点，这个地震远在天涯，几分钟后我就知道了。 有的有害信息会被阻断。 对文学不必那么紧张，文学就谈谈人，谈谈我们的生活，谈谈我们的心灵，没什么坏处，没有人一定要去阻止它。 在网上写作有很快的交流和很快的回应，以前你写完一篇小说，等待对它的批评会等很久。 要等你发出来，想批评你的人看完以后再去写，写完再投稿，你看完他的批评再反批评还要更久。 但是网上就不一样，网上很快吵起来，打起来，短兵相接。 我也嘲笑过一些教授，某些教授根本没有实战能力，现在坐在讲台上，一个人瞎说的时候说得头头是道，别人一质问你，一句话都没有。 上海有一个批评家叫吴亮，指名道姓寻章摘句地质疑一个教授，在网上天天敲锣打鼓骂人，一连八个月，那教授一声不吭。 你想你有这么多弟子，有这么多同事，有老师，一个批评家指着你的东西说很烂，你装作没看见，这个不大好玩吧，你还像没这事情一样继续说别人看起来很错误的话。 别人说的不一定对，要跟他论争，在鲁迅时代他们就会打起来，马上吵，马上就会做出反应，捍卫自己的荣誉和观点。 我觉得这才是对的，整个社会就是灵动的、生机勃勃的社会。 以前那个时代可能比较费力，今天因为有了网络，我们的文学就可以变成一种辩论的文学。 以前是无法辩论，辩论都是很远的，隔空的辩论，像放导弹一样辩论，现在像拳击场一样，你一个直拳过去，我一个勾拳回来。

文学体裁的改变，好像很多民族都一样，一开始都是一些简单的歌咏一样的东西，鲁迅写过，抬着木头抬累了，杭唷杭唷，后来就变成了一个歌谣。 很多地方都有民歌，有花儿有信天游，我们中国最早的诗歌集也是能唱的，后来慢慢不对了，变成诗和那些音乐分开，变成单纯的诗词，不大能唱了。 当然宋词当时也有人唱，现在彻底不唱了。 文学进入戏剧里面了，最后逐渐变成了小说。 到了小说就变成一个专门叙事的东西。 中国古人的说法是诗言志，说说自己的理想志向，到了小说就不太抒情言志，小说最适合承载曲折的情节。 最先的热门小说，要么是妖魔鬼怪，像《聊斋》中的故事，像《西游记》，要么像以前的《三侠五义》，回到人间打斗。更有家长里短的世情故事。在这些故事里面，其实有小说最根本的元素。我们今天把小说写得很长，但是注意的东西跟以前没有什么差别。

可能跟我们的生产工具、生产力也有关系。以前很多人都讲过，甲骨文时代，刻在乌龟壳上那些文字，如果有十几个字都是很长的，它是占卜算命用的，极短。后来慢慢变成钟鼎文，变成写在竹简上，再以后刻版印刷。这中间除了生产力的进步以外，除了工具的发现和改造以外，还有一件事情，人的闲暇的时间可能多了。以前的古人类住在山洞里面，后来学会生火。女人去采集，男人去打猎。生存太不容易了，文化生活就很少。我们人类变成这样，是千辛万苦学来的。

人类生产力发展，有一些余暇可以看东西。在甲骨文时代，可能只有几个人可以看到文字，可能是一个酋长，可能是一个巫师。青铜时代，文字刻在钟鼎上，有一小批人看到，后来变成抄书，抄在竹简上面，就流通多一点。到了印刷的时代就不一样了，就变成拷贝件，就不是原来的东西了。我画一幅画，这画叫原作，但是把这幅画印出来就不叫原作，而是拷贝件，拷贝件可以做一万份，也可以做十万份，现在可以飞快地把它复制成好多好多，可以散发到好多地方。今天到了网络时代，更方便复制品的流通流转。我们现在所看到的小说也好，画册也好，我们看到的电影、电视都是拷贝的，不像戏剧，在台上演的那几个人是真的人，不在现场的人是看不见的，但是你把它拍下来传到网上去，就是一个拷贝的东西，所以真的东西就变得越来越少，越来越稀罕，拷贝的东西就越来越多了。有那么多拷贝件，所以它们不值钱了。梵高一张画卖一亿美元，你把它复制成一万张，还卖一万个一亿美元，这是不可能的事情。如果是复制品，就用很便宜的价格卖给很多人。今天的时代，我就觉得适合这样的事情。我们做了很多事情，不是画了一幅好画请一个有钱人买下来，而要请很多的没多少钱的人买下来，人家只要花点小钱也可以有文化享受。这是我们的时代跟以往那些时代不大一样的地方，而且它又可以很方便地获得。 以前要找本书很麻烦，你要到处打听，图书馆未必有，现在到网上一搜索可能就跳出来，就能看了。 所以我们的消费观变了。 有时候我希望自己买的很多书就要一个电子版本，家里不要那么多书和书架。 书很累赘，跟着我搬了好几个地方，因为我在家里抽烟，书脊都染上一层黄了，看起来很不雅。 这么折腾，那个书还没有看过，你把它搬过来搬过去都没有看，这些书你要它干吗？ 而且有一些书这辈子不会再去阅读，我保存它是为了核对，比如说《罗密欧与朱丽叶》里面他爸爸叫什么，仅仅起到查找的、备忘的作用。 很多书真的不一定要买。 以前是学富五车，那个时候都是竹简，五车并不多。

我昨天在网上找到一个数据，我们中国有一套最大的书叫《四库全书》，抄成四份放在四个地方。 这《四库全书》吓死人，把天下所有的书都搜罗来，把对本朝有害的东西给弄掉，留下来的书由三千八百多个人抄了十三年，一共三千五百多种书。 我不知道去年中国出版多少书，多年前听说每年出版书的种类 22 万种，现在可能 30 万种都不止。集两千年的工夫，才有 3.6 万册，一共有 8 亿字，后来我算了一下，平均每册书是 22222 个字。 它的一册书等于两卷，我今天的讲话整理成文等于《陈村别集》上下卷。 我们好不容易积累的文化只有这样一点。到今天我们不断在文化里面掺水，以前老子这么深邃的思想，这么好的哲学，才写了五千个字，戛然而止。 但今天像我讲的这些废话，讲讲就成了上下两卷。 因为白话文跟我们口语很接近，我不清楚以前的文言文古人能不能听懂，如果现在请一个古文老师读给你听，一般你都听不懂。 生产力发展了，生存毕竟容易多了，书也越来越厚了。

今天我们受众都改变了，那么多的年轻人都在读书。 当年喜欢读书的是少量的年轻人。 现在像我这样老的人，基本上都很落寞，一般都不大买书，或者只看看保健的书，益寿延年，多活两年，或者有些较有进取心的人，就看看怎么炒股票的书。 会去买一些闲书如散文集、小说集来陶冶性情的人已经非常少了。 但是年轻人会买书，他们还有另外的一些文化消费。 上海有一个姑娘最近很受关注，Papi 酱，集美貌与才华于一身，她伶牙俐齿地说一段话，加一些英语，有许多人很喜欢看，老人则要差点。 有一天我看到一堆词，我算是天天泡在网上，仍旧一个都看不懂，都是很怪的词，对我就是黑话。 思维和载体都变得跟以往大不一样。 像《萌芽》编辑部，它是面向年轻人的杂志，它旗下的"新概念作文"推出了一大群人，比较出名的像韩寒、郭敬明。 他们那些东西有很多人在追捧。 等一会儿我要去听韩寒的报告会，据说是一票难求。 这些人用乱拳打死老师傅，一顿乱拳以后你就服了。 你写得再好，人家不看。 中间有一个权力的转换，以前的权力都是专家的，现在这个权力转移到普通人手里，他们不光是读者，可以读你的作品，也不光是作者，可以写点东西，而且他们还要左右审美标准，他们觉得对的就是对的，顺我者昌，逆我者亡，在人民战争汪洋大海里面有很多东西变得很苍白无力。 一个专家跳出来讲，郭敬明的《小时代》不好，但是说什么都没有用，人家就是买票去看。 有一次我跑到上海书展，我的一个老朋友在那里做一本书的宣传，我去助兴。 书城搭了一个大棚子，来了好多人。 当我们差不多结束的时候，发现保安在朝外面赶人，下一场就是郭敬明的专场，那些聪明小孩先占位子，后来保安不同意，一定要清场。 活动完了之后，我们这些老家伙就出门了，横穿上海展览馆，我真的很吃惊，我知道郭敬明粉丝很多，我也跟他见过，用相机拍过他，并不是三头六臂，但那天排队的粉丝，排到那个大棚两个小时都不够，他们在那儿乐此不疲，在队伍里聊聊天，开开玩笑，甚至还有老人家在那里给孙子、给儿子买签名本。 我想真的没有道理，用我们传统文学界的眼光看，郭敬明写得并非很好，当然我不反对他的存在。

比如说阿城也来过书展，阿城是中国文学界里写得非常好的作家，也有一些粉丝，但是绝不会这个样子，跟郭敬明远不能比。 在网上，网络文学大神的粉丝远远超过著名作家。 我觉得那种评判的权力转移了。 文学到了网络时代，不受以往的评判系统控制的局面出现了。

前两天在看一个小视频的时候，想起上海电视台著名的纪录片人王小龙。 他拍了很多好看的东西，他拍出来的东西很严谨，有诗意，据说还得过什么奖，刚才是他把我送来的。 我们叫他龙哥，我们龙哥拍的作品多好呀，他连《谁是莎士比亚》都拍过。 我在网上看到的是一小段视频，各位也可能看到过，有那么两三个小孩捣乱，自说自话去拍迪士尼，他们用很简陋的大疆无人机，就在那儿很开心地拍。 大疆起飞，前面是即将开业的上海迪士尼。 这个真的很有意思，边上那个人说给我玩玩，问能飞多久，他说可以飞一刻钟，还要去绕尖顶一圈，不要撞上，还有喷水池，土方车还没开走，哎呀，不对，没电了，回来还有一公里……这个小视频就结束在"哎呦"，无人机没电掉下来了。 我们的龙哥，我们王小龙老师如果去拍这个，得多大的阵势，租好直升飞机，申请空域，设计好飞机从哪个方向切入，太阳从哪个角度照过来，怎么拍它，弄好分镜头，这个塔拍多少，那个拍多少，拍好以后剪辑了再配好乐，配解说词，在电视台播放，你说收视率会比这个好吗？ 我觉得不会。 大家觉得今天的人不大在乎你的机器好不好，手段好不好，技艺是否高超，剪辑是否精彩，他们更愿意看到和我们生活息息相关的东西。

我们的审美，有守旧的传统和习惯。 日本很发达的 AV 制作，中国是不能拍的，苍井空可以到中国来，但是不能脱，也不谈脱的事情。 现在人人都是明星，手机一举 45 度角，锥子脸，美颜，马上发出去。 人脸一个一个都是锥子的话，你想想多可怕。 人类的脸都很有看头，这个脸圆圆蛮可爱，那个脸比较尖有朝气，这个人头大一点，那个小一点，一个人短发，另一个长发，这些都蛮好，参差不齐，组成我们缤纷的世界，使得我们很好很健康。 但是因为一个所谓时尚的美的标准，大家觉得腰细是好的，双眼皮是好的，嘴巴大一点也蛮好，但是耳朵不要太大，不可显胖，如果我有双下巴，要给我掩盖起来。 我相机给人家拍好照，人家会骂我，又把我拍得这么难看。 以前要拍女孩马屁，你给她拍两张照，她会很高兴。 现在就不对了，每个人都想有一张美化的脸，每个人对自己的期待值都很高，这样就拍不成了。 我不 PS，拍出什么就是什么，干吗要去 P 它？ 我不用 PS，也不用美图秀秀，所以我这种人其实已经没有资格再去把人家拍下来，人家礼貌，没把我的相机砸了，心里已经火大。 后来我明白了，弟兄们，姐妹们，如果将一个人拍下来，过十年再给她，她肯定觉得蛮好。 她看到十年前坐在上海电视台 SMG 咖啡厅里，穿的这件衣服当时很时髦，记得那双高跟鞋好不容易买到，往事都会想起来，旁边坐着的那个人看起来像我闺蜜，其实她勾引我男朋友，这些都有故事。 我现在也学乖了，拍好照片不再硬要送给人家，拍好自己保存更好，现在影像多了，人家也不稀罕。 我这里存了些早先拍的照片，我发现用到这个照片时经常是老人家没有了。前两天贺友直先生去世，我找出他的照片贴网上，变成一种纪念。 但是照片记录的东西都是生机勃勃的，是那些活着的好的状态。 贺友直是一个非常有趣的老头，你可以跟他一起喝酒，他已经九十多岁了，每天还要画画，画两个小时，中国最好的大师，一天要喝两顿酒，喝黄酒，他喝酒把酒瓶全部倒干净，说恨不得翻过来舔一舔。 他生活很简朴，住在上海很老的房子里面，地板上踩得都没有漆了。 一个老人家，非常非常好，能拍到他是自己的荣幸。

我们的文字是一个符号，要通过想象，比如说林黛玉什么样子，大家不知道，有各种想象，也有各种影视剧版本里面的林黛玉。 还有西施，传说中中国最美的女性，到底怎么美？ 你拍出来，她肯定不如想象的美，这就是文字神秘的地方。 有时候微博、微信上的一个表情，效果比你打一串文字都要好。 有一次开会的时候，一个文学网站的老总说：我现在害怕的不是其他网站来竞争，我怕的是 4G，以后还有 5G、6G，到了那个时候就有问题了。 为什么？ 最早的时候，因为文字的数据量最小，两个比特等于一个汉字，它容易传送。 以前网速慢，先是文字，再是平面图像，以后是活动图像。 今天已经可以看点小视频，相信有一天可以用很好的画质看世界杯足球，看 NBA 篮球。 这些都比文字直接，网络文学会遭遇很大挑战。

还有一件很有意思的事情，我上午在作协开会，有一个网络作家叫骷髅精灵，网上很多粉丝，他的作品可以卖很多钱。 网络文学中排名很靠前的那些作家，年收入超过千万不稀奇。 我说你们都很惨，我们从来没有碰到过这种事情，以往作家在家写作，跟读者是隔离的。 但是他们在网上写作，读者就有权力，你不更新他们会叫骂，骷髅精灵"太监"了！ 他们是你衣食父母，你不能回嘴。 以前骂不到作者，你现在有粉丝，你有很多钱，但是也有代价，有人会来骂你，你不更新就像犯罪一样。 今天那么多人都想往上爬，你想下来太容易了。 不少人写了十年，兢兢业业每天写八千一万字，写了十年，这个多不容易！ 中国职业作家一年发表十万字就不算偷懒了。

因为管得严，大陆网站是没有情色文学这个分类的，但在海外是存在的，也许它有什么作用。 我们电视台是拍视频的，可能你竞争不过像苍井空那样的视频，但是他们选出来的模特也越卖越不好，弄出来差不多的人，很快看厌了。 中国因为禁止，人家就觉得看禁止的东西有一种快感。 以前有一部电影《发条橙》，里面叫小流氓看黄色电影，把眼皮给你撑开，命令你看，看得你恶心。 现在 AV 也不行了，社会化的视频更热，中外都有艳照门，变成争看社会化的东西。

这个可能就是人的本性，人被压抑了很多东西，因为我们社会有法律，有伦理道德，我们就压抑着。 但是压抑着不表示它不存在，它还是存在的，那么多人还是会去看。 人类社会常常由这样的东西左右着我们的思维。

我也曾经说过，安娜·卡列尼娜这样的妇女，用传统观念来看就是非常不好的女人，整个贵族社会都不喜欢她，排斥她，觉得她很可怜，但她是活该。 可是托尔斯泰把她当负面写了吗？ 我问过别人一句话：

当你老了，想起安娜·卡列尼娜的一生，她为了自己的爱情和激情私奔，即便她最后失败了，死掉了，跑出去就一点没有价值吗？ 文学的态度应该是正视，应该去描述它，去理解它，而不是排斥忽略它。

通俗文学有时候不好，不愿意老实写那些引起我们心灵振荡的时候。 它乐于简单归结为最后好人有好报，坏人有坏投。 很多人要看的其实是故事的整个过程，他觉得这个故事很有意思，安娜这个人怎么爱自己的，在这个过程中表现一个女性的自尊和骄傲。 是这个过程很有意思，而不是一个结论很有意思。

现在的年轻人跟前辈不一样。 年轻人会有很多幻想的东西，像网上流行玄幻小说，年轻人喜欢看《星球大战》，年轻人也会关心前段时间的阿尔法狗，一个电脑程序把全球最厉害的棋手战胜了。 也会关心虚拟现实，VR 要大红大紫了，像复旦大学的严锋老师酷爱新科技，头上戴个东西，把现实和虚构的东西综合起来了。 文学会走到哪里我不知道，文学是一个符号的东西，人们更喜欢活动图像，或者是自己可以参与的互动情景。 西方有人估计，VR 会从性的产业上突破，比如说我很喜欢梦露，它弄出一个梦露飘飘然走进我的世界，梦露就在眼前。像《红楼梦》中的那面妖镜。 我们不知道一个正在进行的事情会变成什么样。 或许有一天，人类就和今天不一样了，我们现在说起来都是生物人，有一天我们可能就是杂种，可能会装一个芯片。 有好处的事情，人类从来不肯放弃，冒险地将胸部隆得大一点，把鼻梁弄高一点，都不放弃，你说脑子里面装一个芯片，这个芯片存有一百万本书，有小学到大学所有功课，根本不用学习计算 1＋1 等于几，根本用不着枯燥地学习，你干不干？ 我觉得很多人会做，最后出现的是人跟芯片的结合体。 人利用芯片，到最后打不过芯片，人类就很多余。 下围棋无非是让你几个子的问题，不死人，当然还有战争的问题，还有其他问题。突然有一天我们豁然开朗了，人类探索宇宙，探测器可以飞到火星已经是了不得的事情，宇航员最多只到过月球。 以后我们会过去，生物身体活不了那么久，但你的信息就存储在芯片里，一条指令朝着外星系飞过去，飞过去之后在那里创造美丽新世界。 那个时候我们所谓轮回的观念、灵魂不灭的观念就都实现了，它不是古人虚妄的猜测，可能是非常真实的。 看起来没用的事，今天想想，也蛮好，人类是有前途的。也许地球爆炸以后，像是杨花柳絮，人类的信息在宇宙里面满天飞舞，遇到合适的土地就变成一个国度，这些我们现在还不知道。

年轻人不会被束缚，他会幻想跟他没有关系的事情。 有很多事情跟生活没有直接关系，音乐跟你有什么关系？ 你不能解释，但你爱听，有共鸣。 我觉得人类有这种好奇的天性，会去关心这样的事情。 科技像一个一个箭头引着你，这些那些依次出现。 以前你怎么可能想象呢，你可以无限连通，比如有电话机就能连通所有人家里的电话，理论上你也可以拨通奥巴马的电话，你只是不知道电话号码。 有了互联网以后，国界的隔离相对削弱，在上网站的时候，你也不会去想它的公司到底在哪里。 世界慢慢变成地球村的概念。

人类尽管还在打仗，还在相互仇视，但是有个人类一家的概念，人类命运共同体的概念在生长。 像阿尔法狗就是揭示人类命运共同体的事情，所以对围棋界震动很大。 可能人类会醒悟到，人类生物的智力、脑力，也要借助于工具。 我们早就承认人类肌肉的力量不行，没办法跟起重机比，我们的脑力也是如此吗？ 看来也是这样。 也许也一天，如果还有小说的话，小说是机器人在写，一个写作程序，输入一点什么信息，两个男人，一个女人，或者一个中性人，就出来一大篇小说。 那个时候你不识字也没有关系，它会读给你听，也许你按一个键它就演给你看，我觉得蛮好的。

要是说我还有十年寿命，我希望能够把它分成十段或者一百段，我过一百年醒来几天，看看这个世界怎么样了。 两千年前的秦始皇看到今天这个样子，肯定目瞪口呆，我们孔子老先生，真的宁可昏过去。 秦始皇统一七国那么费劲，你看看现在的原子弹。 成吉思汗的骑兵从高原上冲下来无坚不摧，有了坦克以后骑兵作废。 有了某些机器的程序，有了人工智能，我们人类的脑力就被降级。 我们要集合我们的脑力，要用一种程序的方式，用程序生产程序的方式或更高级的方式，来解释我们这个世界，延续我们人类的命运。 或者说我们人类有一天根本就是多余的，人类的信息被未来的程序固化在某一个地方保存着，就像今天在动物园、博物馆里面保存的一些快要灭绝的动物标本。 以后的机器人要是还有孩子，会对孩子们讲一个古老的故事： 以前有一个地方叫地球，有一种动物自称为人，他们打来打去，把其他动物给杀了，创造了机器人，但是没有想到他们有一天却被我们给灭了。 我觉得蛮有意思，尽管我们可能会消亡，但是我们也是死于自己创造出来的东西之手，比坐等地球爆炸好，所以我们也是很骄傲的。

问 & 答：

问：谈谈您的摄影作品和文学间的关系？

陈村：摄影跟文学没有什么直接关系。我常常会带一个相机出去。你看到一个场景，事后要去回忆那些细节很困难，但摄影会记下一些细节和形态。我对人感兴趣，我觉得人的表情里面，人的体态里面，会有人的七情六欲，我觉得蛮有意思，人也是世间，你把他记下来也蛮好，当然有时候也是对亲情跟友情的记录。从大的方面讲起来，摄影和文学都是关注人的，都是表现人，发现人。

问：您说写作是件很寂寞的事情，当网络传播让今天的作者和读者互动变得非常容易的时候，这种寂寞的感觉会不会消减？

陈村：可能会有一种虚幻的不寂寞，其实读者跟你还是有距离的，你在想的那些事情未必是读者想的，但是你会有一种不被遗弃感。人其实都很脆弱。我是一个职业作家，我从 1983 年开始不上班，就在家里写作，当然我不是一个人，我有老婆，有儿子，有女儿，有的时候家里还有保姆，我们家有时候很热闹。我要感谢我的家庭，如果我是一个人，从1983年开始坚持到现在，独自一人整天没事就写作，人就疯掉了，这是不行的，因为人对寂寞和孤独的耐受是有限的，人是一种生物，原本是群居动物。

问：愤怒出诗人，很多很伟大的作家，是不是苦难的人生经历造就了他们在文学史上的辉煌？

陈村：愤怒是一会儿的事，一个人不可能长年愤怒，那是毛病。诗人有激情，一会儿写完一首诗就完了。还有你说的苦难，苦难是有用，前提是这种苦难不把人摧毁的话。苦难有时会把人摧毁的，让人彻底丧失斗志，彻底无所谓。有些苦难会激发人的一种东西。木心先生曾经说，成为好作家的条件是苦难的童年。你大了，老了，再苦难也没有什么用，但是苦难的童年是有用的，童年的记忆会影响一个人的一生。童年是一个人最敏感、最脆弱的时候，对童年的伤害就是伤害他的一生，所以我们现在要保护儿童。但对作家来说不是，如果作家觉得世界都很好，那就不必写作了，幸福的家庭都是相似的。写的都是不大好的事，这些事情存在于我们的生活当中，作家就会看见，就会写它。

问：您怎么看待网络小说的抄袭现象？2003年，郭敬明的《梦里花落知多少》被判定抄袭，赔偿二十多万，但现在的人只知道郭敬明的作品，你怎么看待这件事情？

陈村：这当然是件坏事情，也是没有办法的事情，体现出我们的原创力不足。抄袭就好比偷盗，抄袭肯定会被谴责。郭敬明肯定是不对的，法院判他赔钱了，但是没有道歉，既然错了，就要承认，不要跟人家吵，也不要纠缠。但是现在的问题是，几乎人人都知道郭敬明被判抄袭，但很多年轻人就是喜欢他。今天就是这样，我知道他吸毒，但我就喜欢他，怎么着？已经变成我们很陌生的文化，很多摇滚歌手吸毒，但有人就是喜欢。世界变得不再那么黑白分明了。但我们还是应该有一个是非观，你可以喜欢郭敬明，但是抄袭这件事情是不对的，你可以为他其他的事情辩护，但不要为抄袭辩护。

问：网络的互动性和便利性，会不会让文学创作产生一种快餐化的现象？

陈村：我说得严重一点，其实大多数时代生产出来的文学作品都是垃圾，并不是只在我们这个时代发生。以前的纸质时代，我们讲来讲去都是经典作品，四大名著我们都记住了，但其实同时代出现的很多作品是很不好的，或者很一般，平时我们不大提它，时间久了也就慢慢消失了。即便被选进《全唐诗》里面，又会有多少人把《全唐诗》都读了？也就读读李白、杜甫这些人的诗。一个人也不需要这么多的文学作品，也消费不了这么多文学作品。形式不一定决定你最后的结果，事在人为，如果你把网络作品写得好一点，也可能会流传下去。

人一生当中实际发生过的故事，才是最美好的

▼

岩井俊二

│ 日本知名导演、编剧、作家、作曲家 │

幼年

说起我最久远的回忆，那是我两岁零一个月的时候，我的妹妹诞生了，模糊的印象当中，我被带到医院去看望她。 成人之后回忆这段往事，仿佛恍然大悟般发现，原来我就是比我妹妹要大两岁零一个月。反过来再想，初生的一两年间，自己的身上到底发生过什么事情，我完全没有这段记忆，这是件非常可怕的事情。 所以从我记事起，我每天都会做一个功课——不管发生什么事情我都要拼命把它记住。 这样的举动为我保存了孩童时代的记忆，成为我人生当中非常宝贵的财富。

幼儿园上到一半的时候，我们家就搬家了，乔迁之后大概有半年时间，因新的幼儿园没有落实好，只能待在家里，这是一段非常自由散漫的生活，在家里吃饭休息玩耍，偶尔到田间撒野，但这样无拘无束的日子并没有延续很久。 我开始了我的小学生活，一个孩子的、管制化、跟

大人的世界完全不同的世界。 我感觉自己就好像是日本传说故事当中的浦岛三郎，从孤岛回来之后不再适应人间社会。 我这个人缺乏跟人沟通的手段，很多时候我还会成为小朋友们欺负的对象，骚扰的对象。在这样一个环境中，能够让我把我的心敞开去跟他交流沟通的朋友，真的是少之又少。 我也不能说是我讨厌这样一个儿童的世界，但是我更多的时候还是倾向于一个人，自己跟自己玩。

这期间，我看了很多很多百科辞典，其中比较喜欢看的，就是动物百科辞典，还有历史、文学方面的书。 有时候读了上半部，我还会去央求我的父母把同一系列的书都给我买回来。 书的世界赋予了我很多的意义，给了我很多的趣味。 我被书里的印刷体所吸引，我当时就去书店找，看看有没有什么教材可以告诉我，怎么去把这个字体给打印出来，最后好不容易找到一个塑料印版，买回来之后我就开始学着做印刷，但是这个非常难，最终我只学会了大概两个字。 这件事情对我来说也是非常挫折的一件事情。

现在回想起来，我现在的这个状态比不上我小时候那段时间的状态。 我年幼时，好奇心非常旺盛，不管对什么感兴趣，都会兴趣盎然地实践，只要有一丝一毫的可能，我就会想方设法去实现。 成人以后，这种冲动反而消减了。 所以很多时候，我觉得大人是不如小孩的。 比如说小孩想买一个什么东西，他就会不断地耍手段，给我买吧，给我买吧！ 如果实在买不到，就滚地板，号啕大哭，但是大人就做不到这一点。

青年

我的人生又一个转折点就是我初中一年级的时候，蝉噪时节，日本的小朋友都喜欢去捉两种昆虫，一种像戴着一顶头盔，一种像是头上插了两把铁锹。 养在家里面，直到昆虫死亡。 父母说虫这样可怜，把它放了吧。 但是小孩子就会想，我好不容易才把它抓回来，怎么能把它放了呢，我才不放。 等到我上初中一年级的时候，我在放学回家的路上捡到了一只头盔似的昆虫，当时很开心，我夏天得来的第一只昆虫，竟然是不费吹灰之力捡来的。 我想把它拿回家养，拿着这只虫走啊走，走啊走，忽然产生了一股泄气的念头，我想带回去干吗呢，算了算了不养了，半路上就扔了。 从此以后，我对抓昆虫的兴趣消失得无影无踪，对这种昆虫的喜爱和好奇心，转到了女孩子身上。

这是一个健康的男孩子都会有的历程，要不然我现在也不会健健康康地站在这边。 当时心理和生理的变化，我后来总结为"感受性"。以前对四季更迭，美好的或者是遥远的记忆都没有什么特别大的感触，但是到了这段时间，想到这些问题就会浑身发抖，震动到我的内心，我自己也不太明白，变化缘何而来。 恰好，文学作品是能够把我的感受淋漓尽致体现出来的一种载体，我内心的天平渐渐像文学靠拢。

纵观我的整个历程，不管是跟我家里面的兄弟姐妹比也好，还是跟我同龄的同学比也好，总归觉得哪些方面我好像是有欠缺的，是不如他们的，跟别人是不一样的。 比如说我家里面有个万能的哥哥，我这个哥哥不仅学习好，体育好，画画好，什么都好，他就是我崇拜的一个偶像。 我一直跟在他屁股后面模仿他，学习他，但是一直没办法超越他。我之前真的好像什么都不能做，什么都不会，没有让人眼前一亮的性格或者特色。 学打印字体，学了半天也没学会，学骑自行车，过程也非常漫长，就连爬坡也是。 好不容易到了现在，终于可以做很多事情了。

我的手曾经受过伤，复健漫长而辛苦，好在得偿所愿，手恢复了原有的功能。 回想起来，花时间去练习，最终达成目标的过程非常令人开心。 一个一开始什么都不会，什么都不擅长的人，最后实现了他的心愿，真是件只赚不赔的事情。 这是一个生来天才的人品尝不到的快乐。 对我来说，如果没有从不会到会的转变，我会变成一个因无聊而不知所措的人。

《瑞普·凡·温克尔的新娘》

　　我的新作品《瑞普·凡·温克尔的新娘》这部作品写完了、拍完了、上映了。 这部作品从开始到落幕，大概花了三四年的时间。 这个过程当中，我经历了很多反复和不得不面对的取舍，现在完成了，你问我，现在的我是一个什么样的状态，我觉得就是句号。 我的这部作品出来了，我的下一部作品还没诞生，又是一张白纸的状态，这是我非常讨厌的一个阶段。

　　白纸时期，就要准备下一个新故事。 有些人问我，你会不会看一些别人的电影获取灵感？ 我觉得如果看得过多的话，在之后自己拍作品的时候，会有一个模仿、剽窃创意的的倾向性。 拍电影的人不太会去看别人拍的电影，因为你会无意识地模仿或者学习。 当然在学习的初期，必须要看大量的电影，去学习一些技巧，但是在你技艺成熟的时候，还是自己去找一些题材，找一些主题为好，当你确定了题材和主题之后，要做的事情，就是不断地采访，看一些纪实性的节目，关心每天发生的新闻。

　　找寻题材的过程当中，会有许多意外之喜，但是不管这种题材是什么，我都不会立即下定决心。 如果要拍一部作品，我必须要切实的体验。 我曾经想过是不是能够把我孩提时代的体验拍成电影，可我又怀疑它能否承受得起电影的重量。

　　五年前，日本发生了大地震，海啸之后，看到被灾难摧毁的城市，我想到的是发生了这么大一件事啊，但是也仅仅如此。 要我做出哀痛万分的表情，或者对着灾民飙泪，我实在是做不到。 从小到大，我都是个不善表达的人，我的表情没法做出符合别人期望的样子。 总感觉，我对外界的感知比别人慢半拍。 灾区回来以后，最大的感受就是，每一个人的感知力都有那么多的不同。 所以回到前面，如果有一个人突然说他有一个他亲身体验过的、很好的题材,我却无法持有相同的感受,那你怎么叫我去把这样一个题材拍成一部电影呢?

围绕大地震,我已经写了好几个作品。 关于海啸,关于福岛核电站,我想从这些写下来的东西中选取一部分拍成电影。 这个电影拍给谁看? 如果拍给日本人看,日本人在地震发生之后,已经看了几百个小时,几千个小时,要从中选取哪一部分拍成电影,我觉得非常难。 如果把这个电影拍给海外的观众来看,又该怎么样,这让我非常困扰,因为在考虑受众的情况下,我的焦点发生了迁移。 拍电影说到底是为现代人提供服务,我服务的对象是谁,就会导致我提供的内容发生变化,所以我非常惆怅,还在纠结。

说到服务,《瑞普·凡·温克尔的新娘》当中,就有一种非常特殊的服务。 只要在搜索引擎里面输入你的问题,马上会得到解决方案。主人公要结婚了,却苦恼于亲戚不够,只好在网上找了很多网友来扮演他的叔父、伯父、婶娘出席。 这种事情如果放在三十年前,那就是科幻小说,但是在今天,所有的服务都是很现实的服务。 拍成这部作品,其中有很多是我朋友的亲身体验。 所以拍一个作品,我不仅仅是从网上收集别人的体验,还需要与他人面对面地聊天,这样才会让我感同身受。 现在很多人的婚姻关系都始于网络,即便是相熟的人,也是通过网络来交流的。 我们现在已经到了一个跟网络密不可分的新时代。 我一直在考虑,在这样一个时代,我怎么去跟人交流。 网络时代感觉上有点冷冰冰,所以我在拍摄作品的时候,就觉得要把作品拍出一些温情。

我的书架上藏有一部电影,这个电影的主人公是一位媒体人士,在媒体方面做得非常成功。 他在去世的时候,新闻里放了一段关于他的视频,就这样,波澜壮阔的一生被凝结在短短三分钟里。 媒体不满足于此,后续采访了很多跟这个男主人公有关的人,去听他们对他的评价。 看的时候,我陷入一种错觉当中,总觉得这部电影好像在哪儿看到过，我也一直在问自己，为什么会有这样的感觉。后来发觉是这样的，两个小时的电影和之前三分钟新闻里播报出来的内容其实是差不多的，也就是说他的一生无论是用三分钟的新闻来展示，还是两个小时的电影来展示，他所要表达的东西是相似的。

这给了我一个教训，这个教训反映在我的《情书》这部作品当中。不管是谁的人生，不管是什么作品，不管是用电影还是一则新闻去表述，你对这个人的一生都只能复述到这个程度，不可能再多了。所以，我觉得拍电影并不是什么很厉害的事情。人一生当中实际发生过的故事，那才是最美好的。拍电影的人所能做的就是把这人的一生当中的一些片段剪辑成册。我也不可能活到一百岁，我不知道在剩下的岁月里还能拍几部作品，因为在我的人生当中，可以拍成电影的素材太多太多，这些素材对我来说就像宇宙空间当中的行星一样，数不胜数，不是凡人可以把它拍尽说尽的。想通这一点，让我在今后的创作之路上带着更加愉悦的心情。我不会勉强自己，必须要拍几部作品，我可以安安心心地，或者是以我自己的节奏来继续我的创作之路。

在今天的演讲中，我觉得不管是哪一点，只要大家觉得有一些参考或者启发，我都会非常开心。每个人不需要强求太多，全身心地投入到自己的生活中，过好自己的人生，这样的人生就是幸福的，就是圆满的。

问 & 答：

问：在您的心目当中，您觉得艺术电影应该是以怎样的一种形态存在，或者说电影在您的心里应该是以一种怎样的形态存在？

岩井俊二：我不管创作什么作品，都是从我自身的体验出发，再考虑这种体验用什么样的形式展现出来。我拍青春电影，正是因为我体验过，所以我把它做成电影。我为了表现青春，尝试过很多种类的表现方式，比如小说、音乐、动漫。但是我的出发点都不会变，就是让形式表达体验。您刚刚说到艺术电影，其实说实话我并没有深入地考虑过，我从来没有要把一部电影做成艺术电影的想法，我也从来没学习过什么样的电影才是艺术电影。

问：文艺电影是一个小众的市场，您如何看待文艺的受众群体，您看好这个群体吗？

岩井俊二：拍电影是一件很烧钱的事情，你在拍电影之前要考虑到整个市场的接受度，所以我觉得还是学生时代最开心，一个作品只要有五六个人看，就觉得可以了。今天的演讲现场来了很多人，我很开心，但如果今天来的人少的话，我是不是就不开心，心情就不好了呢？拍电影其实也是一样的。我拍电影的时候就会想，拍好电影，来看的人很多，我就很开心。如果看电影的只有一个人，我是不是就不开心了呢？其实也并不是这样。我拍电影哪怕只有一个人看，我能够把电影的想法传达给一个人，我觉得都是很重要的。

问：岩井老师拍片的时候选角看重什么特质？

岩井俊二：很多时候选角靠的是一个感觉，主要还是他的感觉能表达角色的特点。不管什么电影，我都倾向于找不同类型的演员。电影肯定要表现出一种冲突，亲子关系也好，其他的关系也好，有很多冲突的点要反映出来。选角的时候也是的，要看看这两个人在一起时有没有"冲突感"。

旅行可以让一个人宽容和感受这个世界

▼

陈丹燕

| 著名作家 |

　　第一次去塞尔维亚的时候带的只是一本书——上海译文出版社的《哈扎尔辞典》，帕维奇的作品。它是二十世纪最重要的长篇小说，和爱尔兰的作家乔伊斯的作品一样，是二十世纪欧洲最重要的两本小说。所以大家都说在爱尔兰的作家写《尤利西斯》的时候，二十世纪欧洲小说心理上的时间和物理上的时间被颠覆了，当塞尔维亚作家帕维奇写《哈扎尔辞典》的时候，欧洲小说的结构也被颠覆了。这是两本非常难懂也非常重要的小说，我想要在那个地方看清楚这两本小说，我是一个职业作家，所以我需要了解长篇小说。

　　塞尔维亚有非常重要的东正教的修道院，在修道院的墙上有十一世纪到十九世纪东正教的湿壁画，但是修道院大部分都保留着初建时候的光线，没有太多的电。我第一次去的时候是十一月份，塞尔维亚四点半就天黑了，那时我需要一个好的照相机，就问一个摄影师朋友借照相机。他说我是不会借给你的，你要带我一起去，我就是你的照相机。

后来我们有约定，我习惯一个人旅行，不希望别人打扰，他跟我说，你不想我打扰的时候，我就是哑巴，你不想看到我的时候，我就是影子，于是我们两个人一起去塞尔维亚旅行了。

我们希望留下我们看到的影像，让我们想念塞尔维亚，于是回来就开始试着做电影。我们真的是做着玩，也不知道称它为什么，就给我的一个朋友——《白日焰火》的制作人看我们做的片子。他说，你们这个叫作家电影，这样就好。

在旅行的过程中我们经常会碰见奇迹，大家看到的《向你歌唱》片子里星期天的晚祈祷，是十四世纪拉扎尔大公过世以后，每个星期天晚上都例行的祈祷。修女们都要唱她们写给拉扎尔大公的歌谣，七百年从来没有间断过。但是这些内容没有人拍摄过，我们非常荣幸。

电影《向你歌唱》剧照

我当时会觉得我疯了，开始拍电影，拍电影真的不是好玩的事情，我这种对镜头敏感的人非常讨厌镜头对着我。在这条旅行线上我提了很多过分的要求。因为这个故事里面有很多捕梦的人是在天上飞的。所以去塞尔维亚的时候，我在选择航空公司时提了一个要求，我需要那条航线从土耳其到贝尔格莱德的时候，能按照"捕梦者"章节里飞的线路走，而且是在晚上飞。我们就开始选航空公司，哪一家的航班是晚上从这条线飞过去的，并且是从土耳其飞到贝尔格莱德，当中经过摩拉瓦河谷（就是那个修道院），有很多人帮助我实现了这个梦想。

为什么我们要读这样一本小说，这对作家意味着什么？ 当时我在上海就已看完《哈扎尔辞典》了，也看了很多对《哈扎尔辞典》的评论，大家说这是一个非常特殊的结构，像迷宫一样。 这个结构使得欧洲小说现实主义时代的线性结构被打乱了，从任何一个角度进去都是可以看的。 但是我觉得这个评论家的讲法恐怕是不对的，所以去塞尔维亚，再看一遍小说，去到那个地理环境，我们就会在当地听到很多我们不一定能在中国了解到的历史故事。

在旅行的过程中就会知道，原来《哈扎尔辞典》迷宫式的结构并不是这个作家想要做出来的，而是跟塞尔维亚的历史、地理有很深的关系。 就可以知道，原来他并不是在写一个神话故事，一个鬼故事，他是在写塞尔维亚历史故事。 知道这个以后，就可以把所有的故事形象都找出来。 然后就会知道，这个小说的文学和小说的读者跟塞尔维亚人经历过的那些历史，和他们居住的地理环境之间，到底有什么样的联系。 这对我这样一个作家来讲非常重要，我想要知道一个作家怎么把他的民族和他对他民族的感受化成小说的结构。 大家都认为结构是一个技术问题，但实际上结构是一个世界观问题，这是我自己读《哈扎尔辞典》最重要的收获。

《空想：Fantasy》是我们剪完的另外一个小片子，大家看见了我们怎么读书，听到了塞尔维亚语朗读的《哈扎尔辞典》是什么样的声音，朗读者是作者帕维奇先生的太太。 我当时提了一个非常过分的要求，我说希望在帕维奇先生中午睡觉、一睡觉就开始做梦的床上看小说的一个章节。 当时觉得帕维奇夫人应该把我一脚踢出去，但是她看了看我，说 OK，然后我们就开始做这个事情了。

我自己的梦想一直非常简单，在梦想来以前，我也不知道它是什么，但是在它来的时候，我会知道这是我的梦想。 所以我觉得在塞尔维亚的时候，我的梦想是，第一，我要在塞尔维亚读完这本难读的长篇小说，然后我真正可以理解它。 我觉得我理解了这个小说，就会理解更多前南斯拉夫人民经历过的事情。 对世界的了解，对我来讲还是很重要的，因为我想要了解。

我的经验就是，当你更多了解一点这个世界，你对这个世界的信任感就多一点，当你不怎么了解这个世界，你对这个世界的信任感就少一点。 我希望我多一点信任感，这也是我旅行的一个重要的心理上的安慰。 我要在塞尔维亚的帕维奇的床上看一个章节，我想知道那个奇幻的梦境是如何在这个床上诞生的，对这个作家来讲意味着什么。 大家都认为作家是非常辛苦的职业，像我自己的孩子在少年时代跟我讲，我是不会像你这么傻要成为作家，你们作家天天坐在凳子上，你们的屁股都是方的，不是圆的，她认为屁股是圆的，很重要。 那我觉得的确是，作家要在凳子上坐很久的。

我在桌子前坐下来，把电脑打开，就可以开始打字了，我觉得很快乐。 我并不为自己感到任何遗憾，我觉得做一个作家，是我这辈子的梦想。 我要知道帕维奇写得这么好的内容，到底是怎么写出来的，这有点像一个疯狂的读者。 欧洲小说对我影响巨大，但是我从来都没有一个机会这么深入地去了解一个欧洲作家到底是怎么做小说创作的。所以塞尔维亚给了我这样的机会，我觉得非常感激，这不光是给一个旅游者机会，也是给一个作家学习的机会。

我很想把这些在塞尔维亚修道院、在森林、在贝尔格莱德的半夜里面所看见的东西都记录下来。 有时差的时候，我会凌晨三四点钟在贝尔格莱德夜游，半夜里看到的贝尔格莱德和有太阳的贝尔格莱德是非常不同的，我觉得那些都是我非常特殊的经历。

我们在中国，会觉得塞尔维亚非常遥远，它比美国、法国远多了，其实它离我们非常近。 我最开始了解贝尔格莱德，就是我们的大使馆被炸了，然后学生跑去美国大使馆示威，我们家离美国领事馆两个街口，所以晚上一直听见学生叫口号的声音。 了解仅限于这些。 如果我没有帕维奇小说的指引，我可能真的不会去塞尔维亚，但是塞尔维亚现在对我来讲，是一个非常重要的国家，我在那里有很多重要的收获，它让我成长。

虽然我已经完全不年轻，但是我觉得成长是一辈子的事情，到现在还会说，我好像长大一点了，这是我的感受。 当你能够仔细地去阅读和仔细地去旅行，就可以体会到心灵上的成长。 这是每个旅行者都可以做的事情，试着去理解那些你完全不理解的事情，或者说你从来没有想过的，从另外一个角度去看世界。 我觉得这一直是我的梦想。 我想要理解得更多，你理解得更多，就可以变得更宽容，就比较不容易生气了。 看到一件不理解的事情，不会去想这个人怎么这么讨厌，你想的大概是什么东西让他变成这样，你会想要了解他的成长过程。 这样，一个人可以比较细腻和丰富地去理解这个世界，这些都是我写旅行书的感受。

我写旅行书籍，不是想要告诉大家，比萨有个斜塔，中国有个长城，这个早在地理大发现的时代就已经完成，不需要我们再去做这个事情。 我想要做的，是写这个世界的丰富性，一个作家在旅行的时候，可能能够感受到更多。 如果世界很丰富，你就会觉得这一生很值得，看到这么多丰富的东西。 我不想白活，我想知道世界的丰富，而且因为丰富和不同变得非常美好，我想看到美好。

在去年的旅行当中，我有一半时间在土耳其，另外一半时间在塞尔维亚，土耳其跟塞尔维亚在奥斯曼时代是打来打去的。 我的一位土耳其小助手一直说，你对巴耶赛特苏丹很有兴趣，但是我在塞尔维亚的时候，大家都会说你对拉扎尔大公很有兴趣。 拉扎尔大公杀了苏丹的爸爸，巴耶赛特苏丹，然后苏丹砍了拉扎尔大公的头，这是十四世纪的科索沃战争。 所以我们看到修道院里面棺材里都是没有头的，但是有一双非常漂亮的手放在胸前，每个星期棺材开一次。

旅行可以让一个人宽容并感受这个世界，因为没有什么人是一定要为你准备好，所有世界都要向你展开的，但是如果看到它，发现它是这么漂亮，感激之情就会油然而生，其实这个世界很漂亮。

所以我的短片《空想：Fantasy》中的最后一句话是"世界真美好，陈丹燕的梦想实现了"，这看上去有点蠢，但真的由衷地感觉到世界真美好。我们团队的那些小孩子们在剪片子时都说："陈丹燕的梦想实现了"这句话很好，但"世界很美好"，难道是真的吗？然而我觉得我这二十五年长途旅行，从我的角度看，世界是真的很美好，虽然有很多不方便的地方，但是并不影响。

今年五月我预备要去科索沃，因为那儿有三个修道院是濒临危机的世界文化遗产，但那个地方不大安全。有朋友是这样跟我讲的，陈丹燕，世界很美好，可以先去别的地方，不要在科索沃炸掉一条腿，别的地方就去不了了。地雷一旦被清除，我们立刻就去，我实在是喜欢那些湿壁画，十一世纪到十八世纪的湿壁画实在是太漂亮了。在《哈扎尔辞典》里面，帕维奇说这些都不是人画的，只有魔鬼才画得出这么漂亮的画。

我跟大家分享这些，希望大家能够喜欢，喜欢世界的不同，喜欢去那些小的、优美的、没有什么人的国家玩。巴黎就太吵，纽约人太多了。伊斯坦布尔非常非常好，拿破仑说伊斯坦布尔是世界的首都，但是至少需要一年的时间，你才能够真正很好地理解伊斯坦布尔。但塞尔维亚正好。

我非常希望有一天和大家在塞尔维亚的街头相遇，听到你们说："陈丹燕，那天听过你的讲座，所以现在来看看。"

金庸武侠小说的文化解读

▼

周圣伟

| 华东师范大学中文系副教授 |

　　非常高兴有这样一次机会，跟大家交流一下读金庸武侠小说的体会。　金庸武侠小说的遭遇，是非常特殊的一个现象。　原来在大学里，武侠小说是不登大雅之堂的。　早在二十几年前，全国的高校几乎都排斥在课堂上讲金庸的武侠小说。　但随着金庸武侠小说本身生命力的不断显示，高校一点一点地接受了。　后来，北大的王岳川老师搞了一个排行榜，把金庸排到了中国现当代小说家的第四位。　一时间舆论哗然。　我以为，如果我们客观地，而不是在先入为主的惯性思维中去认识金庸小说，这个排名可以接受，能够反映金庸武侠小说的实际成就。

　　我一直以为，一部小说、一个小说家如果能够在文学史上、在读者心目中占有地位，首先这部小说必须要好看，可读性要强。　就个人喜好而言，我不大喜欢一些实验性的小说，就是借助西方的一些新观念、新技法（比如魔幻主义、意识流等）搞创作实验的一些作品。　尽管我的这种喜好是偏狭的，尽管实验性的小说有其存在的必要和引领新潮的作用，但我还是认为这种小说是小众的，是象牙塔里面的东西，是文人圈里面玩的东西。 一部小说，它应该有多个文化层面的受众，要得到不同读者的广泛欢迎。 从读者面及读者数量而言，不要说中国，就拿世界范围的汉语文本来讲，金庸的小说，大概到今天为止也是首屈一指。这种现象，可以借用北宋时候的一句话来形容，"凡有井水饮处，皆能歌柳词"，就像当时凡是有井水喝的地方都能唱柳永的词一样，现今凡是有华人在的地方，都有金庸小说的读者。

金庸的武侠小说创作开始于上世纪五十年代中期，进大陆很晚，记忆中大概是 1982 年。 记得那年，上海展览馆对面（原波兰领事馆）搞了一次书展。 那是暑假里，大热天，我很兴奋，凑足了 200 元钱，骑了辆自行车，想去购买古典文学的书籍，因为我是教古典文学的。 我急匆匆赶过去，书市人头攒动，在一个书摊上看到了《书剑恩仇录》，就是金庸写的第一部武侠小说。 那书封面设计得很怪，陈家洛戴了一顶西瓜皮似的地主帽，穿着一件红马甲，看上去怪怪的。 我一看作者的名字叫金庸，古代小说家里面没见过，哪个朝代的？ 我估摸着大概是个不入流的作家，就没有注意，去买其他书了。 那次买了屈原的集子、王安石的集子等，满载而归，兴冲冲就回去了。

到了这一年的寒假期间，我到天山新村一个朋友家里去找他下围棋。 结果，约好的时间他去理发了。 他刚娶的夫人我不认识，进门后，她让我坐在沙发上，给我倒了茶。 孤男寡女共处斗室，又是初次见面，我感到很不自在，手脚都没有地方放。 想抽烟又不好意思，就在那儿傻等。 一看茶几下面有两本《书剑恩仇录》，我就看看书等他吧。结果看着看着，时间怎么过的都不知道。 大概一个多小时，那朋友回来了，向我道歉。 我说道歉免了，这两本书你让我带回家看。 他说不行，书是借来的，和别人讲好的，明天要还给人家。 我说你跟你朋友打个招呼，无论如何，我明天一早肯定把书送过来。 我也不管他同不同意，把门一拉就像作贼一样沿着楼梯跑下去，像抢劫犯一样逃跑了。

当天一口气看到晚上十点多，把它看完了，震动很大。我喜欢看古代小说，感觉这本小说比我原来读过的古代小说都好看。尽管从金庸本身的创作来讲，《书剑恩仇录》只是他牛刀小试，现在回过头来看有一些美中不足，和他后面的《射雕三部曲》、《天龙八部》、《笑傲江湖》、《鹿鼎记》、《雪山飞狐》等相比，差距很明显，但当时我已经喜欢得不得了了。

而后，我才知道金庸是笔名，他原名叫查良镛，一下子对他有了好感。因为我知道上海三四十年代有个诗人叫穆旦，穆旦的真名叫查良铮，曾经翻译过普希金的一篇叙事性的长篇诗歌《欧根·奥涅金》，我读大学时看过，还背诵了其中的一些片段。查良铮大家应该不陌生。我想金庸可能是查良铮的兄弟，对他陡然生发好感。

那时候，金庸的小说大陆不太看得到，好在香港我有朋友，可以托他们带过来。最初他们来大陆的时候，总是帮我带三五牌香烟，因为大陆卖的假烟多。后来我让他们来大陆不要给我带烟了，带金庸武侠小说。后来他们来的时候，香烟照带，另外带来了金庸、古龙、梁羽生的小说。每次带书来，我基本上都一口气看完。从此一发不可收拾。

那时候，我们中文系有一个教师资料室，上班吃罢午饭，大家一起闲聊，我就给同事们鼓吹金庸的小说。他们一开始都不以为然，后来都喜欢金庸了。记得有一次朋友从香港带了一套《笑傲江湖》，系里面的好几个老师问我借，因为一共有四册，我还特地搞了一张借书卡，记录第一册借给谁，第二册借给谁，一二三四分好，然后让他们自己衔接。

记不清具体的时间了，我看到北京的严家炎先生写了篇研究金庸武侠小说的文章，我对严先生的有些观点认同，有些观点不很认同。聊天的时候和系里面的几个老师说起，那时系里面主管教育的一个副系主任就说，小周，你开这个课吧，肯定受欢迎。他安排我作了一次讲座，来听的人很多，阶梯教室连后面的阶梯上面都坐满了。不久，报刊报道了王朔对金庸武侠小说的批评，引发了不小的轰动。 校研究生协会来找我，让我给博士生硕士生们谈谈，即时交流交流看法，评论评论。那天是在我们学校里的一个大的阶梯教室里面，也都坐满了人。 我看看两次讲座听者踊跃，效果不错，就开了这门选修课，跟学生讲讲我读金庸小说的体会。

可能我在高校里待的时间长了，思想比较传统或保守，脑壳里面还有一些固守的东西。 我总认为小说除了好看，也还应该提供一些价值观念方面的东西。 所以，我读金庸武侠小说的时候，也有意识地在这方面作些探求。 我感觉他的小说里面，有他的一些比较牢固的文化观念，而这，也正是梁羽生和古龙的小说不如金庸小说的原因。

说到梁羽生，他是新派武侠小说的开创者。 武侠小说在中国的历史很长，如果不算《史记》的《刺客列传》、《游侠列传》，从唐朝的《聂隐娘》、《虬髯客传》、《红线》算起，到后来明清时期的《三侠五义》、《施公案》、《包公案》、《七剑十三侠》，一直到民国时候的《鹰爪王》以及平江不肖生和还珠楼主的一些小说，也有一千多年了。历史很长，但写得好的作品不多。 要是现在回过头再让我看，有些小说，像《三侠五义》，我是要下定决心不怕牺牲才能把它看完的。 一是故事情节乏味，模式化；二是人物性格乏味，概念化；三是武打技艺的描写乏味，跟现在的新派武侠小说来比，简直是一天一地。 《三侠五义》作为武侠小说，基本上不写什么技击招数，唯一具体一点的就是点穴。 展昭也好，白玉堂也好，就是点穴。 怎么点？ 凌空一指，对手就不能动弹了。 玄！ 总的说来，旧武侠小说在武打技击方面的描写太过简略肤浅，没有吸引力，令人有望梅不能止渴的遗憾。

梁羽生在上世纪五十年代初写的第一篇武侠小说是在香港报纸上面连载的《龙虎斗京华》。 这是新派武侠小说的奠基之作，因此，他被公认为是新派武侠小说的开山。 后来他又连续写了《七剑下天山》、《云海玉弓缘》、《白发魔女传》等一系列作品。 我最初看的是他的《萍踪侠影录》，这是梁羽生写得最好的一部小说，比他的其他作品写得紧凑。 他的"天山系列"有些情节太过拖沓、松散，都不如这部紧凑。 当时我看《萍踪侠影录》有一个兴奋点，是什么？ 双剑合璧。 那时候我正好在看系统论，系统论有"1＋1大于2"的说法。 梁羽生《萍踪侠影录》写一男一女长短两把剑攻守协同，不仅配合得天衣无缝，而且威力暴涨了许多。 我一看，倒是符合系统论的观点，感觉好新鲜。 想来当时的香港思想观念比较开放，能接触和吸收到当时西方的一些文化观念，可能有意无意影响到了他的武侠小说创作。

但是后来我再看梁羽生的其他小说，感觉他有些自我封闭，老是重复自己，老是写到双剑合璧，要不就是变了形态的双剑合璧。 这样的重复太多。 而且他写武打技击也太过琐细，有时候会看不下去。 还有令人恼火的，有时候你看了一大段文字，他后面来一个括弧（详见拙作《云海玉弓缘》），告诉你比这个更详细的描写在他写的另外一本书里，有点被愚弄的感觉。 当然，梁羽生的东西还是蛮好的，就说"天山系列"吧，人物之间前后有连续性，还是能够吸引人的。 当然，我这样说，与我的阅读经验有关。 我小时候喜欢看古代的章回小说，小时候的阅读，影响着我成人以后的阅读习惯。

古龙小说的武打描写又是一种风格。 古龙不拘泥于具体描写哪一招哪一式，他写武打往往只强调一个字——"快"。 他笔下的武林高手，不管是谁，不管什么门派的角色，都是快。 陆小凤、西门吹雪、姬冰雁、楚留香，拔剑都快。 这壁厢一拔剑，那壁厢人就倒地死了。 最典型的是小李飞刀。 记得当时港台拍的电视剧里面有个片段，小李飞刀在一个客栈里，遭遇一群歹徒围攻。 其中有个镜头，小李飞刀的刀还没有飞出去，被飞的那个歹徒就倒下去了。 当时看的时候我想，港台就这种剪辑水平？ 太粗心了。 但是我接着一想，妙！ 这正拍出了古龙写武打技击的精髓：快！ 刀还没有飞起，人就已经倒下去了。 快是快，但太过简略，观赏性不够。

梁羽生太繁，古龙太简，相对来说，金庸比较适中。 金庸的一些打斗设计和描写是非常精彩的，我曾经想选一段到大学语文的教材里去，可惜限制太多机缘不到没有能促成此事。 金庸有的武打技击场面写得非常好，比如《倚天屠龙记》里张无忌救谢逊的那场打斗。 张无忌拿两根圣火令，周芷若执一条长鞭，和少林寺的三个老和尚过招，为了救出地窖里面被囚禁着的谢逊。 圣火令是波斯教的神器，很短，好比以前上朝时拿的笏板。 （有听众问：什么是笏板？ 哦，是古代官吏上朝用的器具。 有的笏板还是用象牙做的，叫做牙笏。 古人这个东西有一个用处是在朝廷上打架，叫'批颊'，就是拿这个笏板打脸。 我们看新闻，日本、韩国的议员打架，感到奇怪，其实在我国古代，官吏上朝的时候也打架的，意见不合，说不过对手，有时候也开打。 笏板还有个用途就是可以起提醒的作用。 比如你头天晚上想好了第二天上朝要禀奏的事情，可以在笏板上简要刻写提示，提醒自己。）张无忌拿圣火令，周芷若拿长鞭，一长一短，一硬一软，互相配合，最后赢了。 那场打斗描写得很独特，很精彩。 谁有兴趣，回家可以看看。

又比如《天龙八部》里，萧峰在聚贤庄的那场打斗。 萧峰带着燕云一十八骑，在聚贤庄大打出手，与江湖英雄绝交，那一场写得真是酣畅淋漓。 金庸把武松喝酒打虎的情节吸收进去了，燕云一十八骑每个人都带了一大羊皮袋酒，萧峰大口大口地喝酒，酒气一发就放开两只"熊掌"开打。 写得非常好。 拿金庸的这些描写回过头去看看，比比以前的有些旧武侠小说，不可同日而语。

所以，从对武打技击的描述来说，金庸是一个不可攀越的高峰。后来看温瑞安、黄易、卧龙生、柳残阳等人的武侠小说，在这方面无人能超越他。 有时候我也会去看看网络上面创作的武侠小说，篇目多，作家也多，但很少有能让我连续看下去的。 一是不让看，看了三段以后要付费；另一是这些所谓的"创作"，大都肤浅拙劣，我只能说作者"胆大妄为"。

金庸笔下的"武打技击"，并非只是场面精彩，更为重要的是还有文化观念的渗透。我这里讲几点：

一、武艺要靠学。看起来这是一句废话，实际上不是，是一种传统的文化观念。我们一直讲尊师，就是要向前人学习。我们现在的智慧和经验都是在前人的基础上积累和前进的。现在到处都讲创新，哪那么好创啊？创新有一个前提条件，你必须对"旧"非常熟悉。就说你们电视台，栏目要创新，演出要创新，制作要创新。首先一条，你对旧的制作、旧的栏目、旧的演出熟不熟？熟到什么程度？它的长处在哪？短板在哪？出路在哪？你都要了然于胸，在这个基础上你才可能除旧创新。创新跟守旧不能截然隔开的。所谓创新，我说也就是新和旧之间的一个比量关系的变化。你不可能一个栏目从头到底所有都是新的，拍摄手段、摄像机也都是原来没有过的。可能吗？不可能。尊师，是向前人的经验和智慧学习，这是中国人很重要的一个观念。

张良尊师，是我国历史上的一个著名例子。刘邦手下有一谋士叫张良，刘邦之所以能够得天下安天下，靠的主要就是张良。早先，张良路过下邳桥上的时候碰到一个穿着粗布衣服的老头，两人擦肩而过，老头把自己的鞋扔了，要张良去捡起来，张良贵为韩国的公子，面对老头的无理要求，气不打一处来，但是看他年纪大，算了，憋住气捡了。老头把臭脚丫子一伸，说，你给我穿上。张良脸憋得通红，还是帮他穿上了。老头说，小子你记住，五天以后一大早，你在这个地方等我，说完回头就走了。五天以后张良去了，老头已经在那儿了。他说，和长者约会，你怎么可以晚来？不恭敬。五天以后再来。张良五天后又去，老头又在那儿了，说五天以后再来。这一次，到了第五天，张良不敢睡觉，半夜就去了，总算比老头早到。老头来了后，拿出一本兵书，据说是《姜太公兵法》（也有人说是《鬼谷子兵法》），给了张良，说你好好读，将来辅佐君主安定天下。后来张良真的帮助刘邦打败项羽，建立了汉朝。这个老头有点半人半仙的味道，据说后来化身为一块黄色的石头，史书上称之为黄石公。

这是一个很典型的故事，强调了前人经验的重要作用。 它告诉我们，学习前人的经验和智慧很重要。 因为一本好书凝聚的，往往不只是作者自我的经验和智慧，还可能是一个行业、一代精英的经验和智慧。 我们过去讲半部《论语》治天下，为什么？ 《论语》里面的东西比较符合封建社会的制度、思想、观念等等，所以你把《论语》读熟了，就可以从政了。 顺便说一句，读《论语》，最好不要先去看于丹的解说，要读也先读杨伯峻的《论语译注》。 读了杨伯峻的《论语译注》，再看于丹的，就有免疫力了，不然你没有免疫力的。

《姜太公兵法》跟老头都是一种有象征意义的符号，强调的是向前人学习经验和智慧。 所以，在金庸的武侠小说里，主人公不是在一个山洞里得到一本武林典籍，就是在一次奇遇当中碰到一位耄耋老头结了忘年交，然后练就了绝顶武艺。 只有一个例外，韦小宝。 但韦小宝也有师傅的，是陈近南。 他不好好学武功，但对师傅还是尊敬的。 韦小宝之外的其他人都有这个经历。 陈家洛开始跟了红花会的总舵主于老当家的学武艺，后来又跟了天下第一高手袁士霄，一个武功高得不得了却疯疯癫癫的老头。 就这，金庸觉得还不够，还让陈家洛在山洞里面跟着庄子《逍遥游》学了一套百花错拳。 张无忌学的《九阳真经》，是武林奇珍。 令狐冲爱喝酒赌钱，对学武没啥兴趣，但也在华山峰顶跟着风清扬学了三招剑法，每招有 360 种变化，就是 1080 种。 郭靖开始师从江南七怪习武，后来跟全真派的马道长学内功，再后来跟洪七公学了降龙十八掌。 金庸笔下的侠义英雄都有老师的。 只有萧峰好像没有什么名义上的老师，但是丐帮的汪帮主传授过他。 这些例子都强调什么？ 师承。 凡是高手都有所师承，这就是中国人的观念。 名师有何意义？ 有何作用？ 就是能保证你的学习路子正，起点高，方法对，进步快。 你学任何东西，路要走得对，门要入得正。 这就是严羽《沧浪诗话》里面讲的"入门须正"。 我估计金庸肯定看过，受这影响。 像郭靖一开始拜了江南七怪做师傅，练下来武功平平，为什么？门路不对。这七个师傅加起来还打不过丘处机的一只手。所以郭靖后来跟全真派的马道长学内功，再后来跟洪七公学了降龙十八掌，才成为武林的顶尖高手。所以，不管学什么，师傅很重要。当然，师承不仅是说名师出高徒，还要求高徒在前人、在师傅的经验和基础上继续前进。

二、武艺要靠练。有了好老师好书本，你还得勤学苦练。行话讲"曲不离口，拳不离手"。有天赋，毕竟还要靠苦练。你看金庸、梁羽生的武侠小说里面，哪一个高手不是练出来的？突出的例子是郭靖。郭靖的天分不高，智商最多70分。一样学降龙十八掌，洪七公教一遍，黄蓉就全清楚了，郭靖没全弄清楚。但他以勤补拙，每天一大早到树林里面练，哼哧哼哧地练。后来黄蓉再给洪七公做好吃的贿赂他，叫洪七公再传授一遍，郭靖弄清楚了再去练，就练得很扎实。因为他有内功底子，加上勤学苦练，所以降龙十八掌在郭靖手上发挥得淋漓尽致。杨过也是练出来的。杨过的师傅是那只神雕，杨过不练，神雕要扇他，杨过只能练。练，能把我们通常讲的书本知识转化为实际能力。武艺要靠练的另一个方面是江湖阅历。俗话说读万卷书行万里路。行万里路不是练你的铁脚板，是长阅历、长见识。所以师傅教徒弟经常会讲，真本事是要到江湖上、实战中才可以练就的。

三、学习武艺要善于假物。练习技艺到了一定程度，就会产生质的飞跃，就由技术进入到艺术的境地。这时，原有的一些想法，可能会产生颠覆性的变化。这在武打技击中，往往表现在对兵器的掌握和使用上。看过武侠小说的人都知道，一般的江湖人物学习武艺，都渴望有一把宝刀利剑，以此来增加威力，震慑对手。我早先看武侠小说，对兵器也很看重，看到哪个人物拿的兵器是十八般兵器里没有的，比如独脚铜人什么的，注意力就会马上被吸引，以为此人武功了得。后来才发现，但凡这种，往往都是三流角色。金庸在他的小说中经常告诉我们：兵器固然重要，但更为重要的是练武之人对兵器的掌握及运用。

如果功夫练得熟、练得精，练到高深境界，寻常兵器也会有莫大威力，甚至摘花飞叶都可伤人。 所以，真正的武林高手并不一味依赖宝剑利器，而是"善于假物"，并由"善于假物"而最终到达"不假于物"的高妙境地。

举个例子，武侠小说中有句武林行话，叫做"一分短一分险"，就是说你的兵器越短风险越大。 这是常理。 我拿张飞的丈八长矛，你拿东方不败的绣花针，我当然不怕你。 然而，东方不败就是凭一根绣花针，大战任我行、向问天、令狐冲、任盈盈四大高手，还游刃有余。 要从兵器来讲，一根绣花针，那算什么兵器？ 但是在东方不败手里，它威力无比！ 要不是任盈盈心机独到去攻击东方不败的基友杨莲亭，使得东方不败分心，最后东方不败还真的可能就"不败"了。 记得港台电视剧拍东方不败的绣花针神功，把东方不败弄得像个纺织娘，一发功，手掌里会生发出许多彩色的丝线，纵横飘飞，犹如蜘蛛织网。 看上去还蛮好看的，其实是胡乱想象胡乱发挥。 东方不败又不是《西游记》里面的蜘蛛精！ 我也不知道是哪个导演拍的。 这个导演乱来。 香港人拍武打片，武打场面拍得逼真、精彩，险象丛生，比大陆水平高，但有时候有点坏毛病，喜欢搞点花哨的东西，华而不实。 最傻的就是两队武林喽啰围着一个乾坤图跑，跑半天，我不碰你，你也不碰我，就这样跑老半天。 这种镜头，我在一些电影、电视剧里看见过好几次。

再举个例子，就是传说中的独孤求败。 风清扬告诉令狐冲说，独孤求败一生用了三把剑，第一把是有名的宝剑，第二把是玄铁重剑（据说用陨石做的），第三把是一般的桃木剑。 就是用那把普普通通的桃木剑的时候，他给自己起了一个名字——独孤求败。 曾经有人问过我：金庸所有武侠小说里面，谁的武功最高？ 我说这个问题不好回答，因为他们彼此之间没较量过，除非像侯宝林相声里面说的"关公战秦琼"。 一定要我回答的话，那么我说有案可查的是萧峰，无迹可寻的是独孤求败。 东方不败还只是"不败"，独孤求败是"求败"——手持一把桃木剑雄视天下，怀抱没有对手的孤独与痛苦。东方不败，是原来没有败过，但最后一次还是败了。独孤求败，倒真是没有人能战胜他。

这里面蕴含的道理，可以推演到各行各业，各色人等。就拿我自己来说，八十年代初，刚开始做老师、刚上讲台的时候，备课经常备到半夜，有时候通宵，看参考书写讲稿。那些年确实是劳累是辛苦，但是后来我感觉这点工夫没有白花。没有当年这种勤学苦练，就没有后来的自信洒脱，今天也不敢拿个杯子就来开讲。我说这个，不是要自吹自擂，我一个年过花甲的退休老头，已经没什么好胜心和虚荣心了，我只是想拿自己的经验和体会去印证认同金庸的认识。

四、学习武艺的至高境界是要通"道"。什么是"道"？解释起来有点烦。因为老子《道德经》里说了"道可道，非常道"。其实在不同的语境里，"道"的内涵是不一样的。我这里说的"道"，是指道理、哲理，是指要从规律性的哲理层面来学习掌握武艺。这是金庸在武侠小说中经常告诉我们的。由于时间关系，我就讲两个方面。

先讲"以简驭繁"。我们看武侠小说，许多武功都有一定的招数、路数。比如降龙掌有十八招，少林罗汉拳有七十二路，其他如八卦掌、七伤拳，也都有具体的招式路数。甚至练气功也有几重境界的区别。有的剑法、拳路不仅招数繁复，而且变化无穷。比如风清扬教令狐冲的三招剑法，每招都有三百六十种变化。令狐冲一开始的时候为此吃惊不小。一般说来，招数繁复的武功比较难学难练，要认认真真打好基础，扎扎实实练习每个招式，这是学武必须经历的初级阶段。此所谓"繁"。但是到了后来，学熟了，练精了，脑瓜开窍，就会觉悟、认识、明白贯通在各个招式里面的道理是一致的。到了这个分上，再练习和使用同一路拳术、同一套剑法，就比之前简单明了多了。郭靖刚学降龙十八掌的时候，每招每式都按照洪七公教的认认真真练习，练到后来，熟了，也通了，运用的时候反倒简单了。每当与江湖高手过招，他总是先来一招"亢龙有悔"，不管对手使什么家数招式，他就是

"亢龙有悔"，把自己的门户守得严严实实，让对手无隙可击，然后再伺机进攻。 就这样，使自己立于不败之地而使对手感到巨大的压力。 还有我刚才讲到的风清扬教令狐冲剑招，也是化繁为简。 独孤剑法原本有九招，"独孤九剑"嘛，但是风清扬只教令狐冲三招，为什么？ 就是要让令狐冲懂得以简驭繁。 《大戴礼记》说，"通道必简"。 俗话讲"以不变应万变"。 都强调以简单来处置复杂。 学一门知识也好，学一种技艺也好，能把它的"繁复"学到"简单"的地步，那才是高水平！ 因为这里的"简单"已经包含了"繁复"，是提纲挈领，把握了精要。

拿课堂教学来讲也是同样的道理。 一个老师上课时要求学生记这个记那个，都是重点，都要记，那绝对不是一个好老师。 好的老师，是要求学生不要什么都记，要记就记精要的东西。 要学生用"简单"的意识去学"繁复"的知识，从而掌握方法，明白道理。 古人说"通道必简"、"大道至简"，要能够到通达道理的层面，你肯定是以最简单的方式去把握它。

再讲"有无相生"。 这是老子在《道德经》里面讲的话。 《道德经》里有"高下相倾、长短相形、声音相和、有无相生"一段文字，贯穿着对立统一的辩证法则。 金庸把老子"有无相生"的观点，运用到了他对学习武艺的理解和描述上了。

我们先讲一个经典的例子——张三丰教张无忌剑法。 张三丰是武当派的祖师爷，到晚年创建了一套剑法，草创初就，强敌上门寻仇。 张三丰虽说是武林泰斗，但已经是百岁老人，体力不行了。 在这个节骨眼上，他的弟子"武当七侠"，死的死，伤的伤，不在的不在，没办法应敌。 这时候张无忌正好上山。 这个小孙子张三丰很喜欢，从辈分来讲张无忌是孙子辈，他是张三丰的第五个徒弟张翠山的儿子。 张三丰临时抱佛脚，把自己刚创建的这套剑法教给张无忌，让张无忌去应敌。 演示一遍后，张三丰问无忌："孩子，你看清楚了没有？"张无忌说看清楚了。张三丰又问："你都记清楚了没有？"张无忌说忘记了一小半。张三丰说："好，难为你了。"过了一会儿，张三丰又问，张无忌想了想，说："忘记了一大半。"当时旁边的武当门徒等人急了——怎么就忘得这么快！张三丰笑笑，说"我再做一遍"。做完，再问张无忌："孩儿，怎么样？"张无忌说："还有三招没忘记。"张三丰点点头，很放心地回到座位上。张无忌在大殿上转了个圈子，沉默无语，又转了半圈，抬起头，满脸高兴，叫道："我全忘了，忘得干干净净了。"张三丰说："不坏不坏，忘得真快！跟他们打吧。"张无忌上去迎敌，打赢了。

这个事例讲什么？张三丰一开始通过繁复的剑招，是要教给张无忌这套剑法所蕴含的指导思想，照古龙的说法就是剑意。这个剑意必须通过传授剑招来让张无忌领会。张无忌对剑招"忘记一小半"、"忘记一大半"、"还有三招没忘记"、"忘记得干干净净了"这个过程，就是对"有无相生"的形象诠释。张无忌的逐步忘记，就剑招来看，是从"有"走向"无"；而从剑意来说，又是从"无"生发出"有"。忘了剑招，是"从有到无"，脱略了形迹；得了剑意，是"从无到有"，会通了精神。有了剑意，把握住了剑法的精要，用剑意来指挥剑招，不仅能把张三丰教他的招数发挥淋漓，而且还能随机应变，无中生有，创造出新的、张三丰没有教过的剑招。换句话说，外来的知识经过消化、吸收，已转化为自身内在的能力了。这就叫作"有无相生"。如果张三丰不给无忌演示具体的剑招而只抽象地告诉无忌剑意，行吗？不行的。

这个道理，我们可以从白居易的《琵琶行》里得到印证。《琵琶行》里的"此时无声胜有声"，是大家耳熟能详的名句，但是对这句诗的解释阐发，却存在强作解人的现象。我说，如果白居易把琵琶女"千呼万唤"请出来后，她"犹抱琵琶半遮面"，琴弦也不碰，坐半个小时走了，你也感觉"此时无声胜有声"？你会有这种感觉？不会有的。

因为前面有"低眉信手续续弹，似说心中无限事"，后面有"银瓶乍破水浆迸，铁骑突出刀枪鸣"，这其中的"无声"才会"胜有声"。 这其中的"无声"，是两次演奏之间的短暂停歇，是前一次火山喷发后、又一次火山喷发前的沉寂，正在酝酿积聚更大的能量。 所以白居易会有"此时无声胜有声"的感受。 因为他懂。 这个"无声"，是两次"有声"当中的"无声"，没有前面的"有"，没有后面的"有"，中间的"无"是"胜"不出的。 何况这种"无"也只有白居易这样的听众才能感觉和体会。 门外汉是不行的。 像有的人听交响乐，在乐曲停顿的间隙就乱拍手，那就是"煞风景"的门外汉了。

"有无相生"的道理，在书法和国画中也时常显现。 南宗的写意画总要"留白"，借王维的说法是"江流天地外，山色有无中"。 画家把眼面前的山水画得很清楚，朝后越来越淡，淡到后面有一个角是"白"的，什么墨迹都没有。 但就是这个"白"角里面，让你感觉有千山万壑，有无穷无尽。 反过来，如果没有前面这些明晰的山水景色，后面的无穷无尽也就无从谈起了。

我们有一句成语叫做无中生有。 从做人来讲，那是坏人，造谣生事。 但是从艺术创作上面来讲，能够做到无中生有的，都是高手，是真正的大师。

五、学习武艺的终极目的是"用"。 所谓"用"，是说学了武艺派什么用处。 是强身健体还是劫富济贫？ 是打家劫舍还是称王称霸？ "用"是学武的终极目的，可以看出武林人士道德的高下。 我们看武侠的"武"字，是由"止"、"戈"两字合成的，平息争斗，化干戈为玉帛。 古人讲，"明知兵者是凶器，圣人不得已而用之"，李白把这两句话原封不动地写进了他的《古风》里。 打架也好，打仗也好，都是不好的，再怎么说刀剑也都是凶器。 但是没办法，要以武止武。 尽管我观念上也还不大认同这个，但你必须这样做。 武的最高境界是止武，怎么止？ 怎么用？ 我们从"侠"这个层面来说。

侠在先秦叫侠士。 先秦的侠士是政府的对立面，不好的，跟儒生一样，儒跟侠都是专制政府不喜欢的人。 《韩非子·五蠹》里面说："儒以文乱法，侠以武犯禁。"说儒家用他们的那套思想学说扰乱人们的认识，干扰国家法令的实施；侠客用他们的暴力来扰乱社会治安，违反国家规定。 所以都不好。 韩非子把儒和侠说成是危害社会的坏人。不可都信。 从先秦典籍看，当时的侠士品格上有长处： 一是讲信用，说过的话算数，说过的话就负责。 二是不畏惧强权，敢舍命跟你斗。到了司马迁写《史记》的时候，在《游侠列传》、《报任安书》里，对侠客的群体性格进行总结归纳，指出侠士有讲求公平、重视友谊、爱打抱不平、施恩不图报、正直、诚信等特点。

到了唐朝，李德裕写了一篇文章《豪侠论》，他把侠和义两者联系到了一起，认为"义非侠不立，侠非义不成"。 一个人要成为侠客的话，就必须要有内在的道德伦理的支撑。 所以你到"用"的层面看，好人坏人就一目了然。 武侠小说里面都有坏人，什么欧阳峰啊、丁春秋啊、成昆啊、任我行啊，武功都很好，但是都用来干坏事，而且武功越高危害越大。 为什么？ 用的地方不对，都是为一己之私利。 最典型的是岳不群。 岳不群武功长进后，对权力的追逐、对社会的危害就更厉害，几乎正比例同步增长。 金庸用木雕的方式写他，一刀一刀把他雕刻出来的，入木三分。 这个人物写得很深刻，太坏了。

与之相反，正面人物学习武艺，练就武功，一般都用在正途。 或者扶贫救困，或者扬善除恶，这个比较明显，我就不多说了。 "用"的最高境界是郭靖所说的"为国为民，侠之大者"，为国家、为百姓出力，这是令人崇敬的武德。 这其实是金庸的认识，所以他后来安排郭靖去守襄阳了。

以上，我对金庸武侠小说中的武打技击里渗透着的一些观念性的东西作了一些解读。 这些观念，影响到金庸武侠小说对人物的塑造和对情节的设置，也影响了我们观众的阅读与接受。 有时候我们看一个人物、一个情节、一个故事，喜欢的不仅仅是艺术上的精彩、曲折、生动，也还有潜意识里的观念认同。

金庸所以认为"为国为民"才堪当"侠之大者"，与他曾经显耀的家世、与他内心曾经有过的英雄情结有关系。 查家是浙江海宁的世家望族，清朝很有名的一个诗人查慎行，就是金庸的先祖。 康熙、雍正两朝，查家出过七个进士、五个翰林学士。 所谓"一门七进士，叔侄五翰林"。 翰林学士是一种荣誉性的官职，一般是文化名人才能担任的，类似于我们现在的政协常委。 一个家门里有五个政协常委，还得了啊！所以乾隆皇帝下江南时，曾经给查家题了一块匾："唐宋以来望族，江南有数人家"。

到金庸父亲这一辈不大行了，他父亲指望儿辈刻苦读书，振兴家门。 金庸自小就勤奋学习，考大学的时候选的专业是政法，他想做外交官或者律师，为国家、为社会多出点力。 由于时局变化，他没能如愿而去到香港生活，但他这份心没有泯灭，一直忧国忧民。 在忙碌报社的工作之余，他经常穿梭于港、台、大陆，与三地的领袖人物会面，沟通消息。 他乐于做这样的一个使者，可见他对政治的热衷。 邓小平接见过他，江泽民接见过他，朱镕基也接见过他。 有一次朱镕基接见了他一个多小时。

金庸对政治的热情，还可见于他为《明报》写政论。 每天写一篇，知名度很高。 当时《明报》的销量上去，除了连载武侠小说，金庸的政论也是一个要素。 香港人每天看《明报》，等着看金庸的政论。 天天议论社会热题，还要提出自己的观点看法，是不容易的，所以金庸是既有政治热情、也有主张见识的人。 对国家、对政事的这份关注，在他的武侠小说创作里有普遍而持久的反映。 你看看他的十五部小说，多少是跟家国大事关联的？ 《书剑恩仇录》，反清复明，让陈家洛那么嫩的肩膀挑这么重的担子，后来把陈家洛压垮了。 郭靖，守襄阳危城。 杨过，一个叛逆儿，最后金庸也让他去守襄阳了，让他干一点正事。 张无忌，恢复明教，排斥外族。 金庸基本上都给他们安排政治任务。 英雄要救世。 唯一的例外就是令狐冲。 令狐冲尽管救的是江湖，但《笑傲江湖》是一部政治小说，这个江湖就是政治格局，就是庙堂。

我们按金庸写作的时间顺序来看看他笔下的一些英雄，看看这些英雄的模式及其变化，看看这些变化所反映的作者心结。

早期的英雄以陈家洛和袁承志为代表，属于理想型的： 出身高，相貌英俊，先天优越，陈家洛还通琴棋书画，更加完美。 陈、袁都是武功高手，都是武林领袖，都胸怀大志，肩负重任。 但是，就英雄救世而言，都失败了。 说到相貌英俊，我说两个导演选择演员的八卦。 上海电影制片厂曾经拍过《书剑恩仇录》的电影，演陈家洛的演员外形条件各方面都不错，就是两只耳朵招风，缺乏王者之气，不符合金庸小说的描写。 后来，时隔多年，哪里又拍了一部《书剑恩仇录》的电视连续剧，演陈家洛的又是招风耳朵。 我想，是不是我当初看《书剑恩仇录》看得太快，没看清楚？ 于是又把《书剑恩仇录》从头到底读一遍。 发现金庸没有写陈家洛是招风耳朵啊。 怎么两次都招风耳朵呢？ 这个奇怪了。 还有一个八卦是黄日华演萧峰。 看过吗？ 我读《天龙八部》，感觉萧峰身高至少一米八，黄日华我毛估估最多一米七十五，跟我一般高。 还有，他脸面太光滑，萧峰虽武功盖世，天天打架，小伤总归受过一点吧，又不是刀枪不入的孙悟空，脸上至少弄条刀疤，有点沧桑感，有点真实性，毛孔粗一点，喉结鼓起一点，像高仓健一样，男人嘛。 更可气的是他头上居然还包块布，我真是哭笑不得！ 要包也包块狼皮虎皮，萧峰是地处东北的契丹人啊，怎么就包块布？ 又不是南方的少数民族傣族，弄得跟刘三姐的情人似的，哭笑不得。 老版《三国演义》的演员就选得非常好。 演员选对外形，反映了导演对原著的理解和把握，可以看出导演的水平。

中期的英雄人物以郭靖和张无忌为代表，属于现实型的： 出身平民，相貌平凡，不通文艺，甚至有点木讷。 郭靖智商不高的，黄蓉叫郭靖"傻哥哥"。当然这是一种爱称。但是为什么不叫帅哥？帅哥也是爱称啊。说明郭靖有时候有点傻，但傻得比较可爱。张无忌也差不多，你看他在周芷若与赵敏之间的摇摆就知道他也时常犯傻，然而秉性忠厚，心底善良，道德高尚，乐于救助人，勇于担当责任，为国为民，是"侠之大者"。然而从英雄救世来说，也不成功。

后期以杨过和令狐冲为代表，属于意念型的：出身更低了，杨过是金庸所有武侠小说主人公当中出身最低的，比韦小宝还不如。韦小宝他妈是妓女，杨过他爸是汉奸。如果你想打人，一个妓女、一个汉奸，你打谁？肯定是打汉奸。打认贼为父的汉奸。在中国人的观念里面，汉奸比妓女要坏许多。杨过出身不好，外形也不再像陈家洛那样完美了，他残疾，被金庸硬生生卸掉一条手臂。令狐冲出身也不行，是孤儿，没爹妈的，被岳不群收养的孤儿。我说这叫英雄的平民化。英雄本来就不是处处高人一头，胜人一等的。现实生活中也不是这样的。杨过和令狐冲的出现，透露出金庸对英雄的审视已经有了与之前大不相同的变化。

从写英雄救世来看，杨过和令狐冲是分水岭，金庸不再赋予他们神圣的使命了。而是让他们以追求爱情为主。尤其是杨过，几乎成了"爱情万岁"的标签。大学生、高中生特喜欢看《神雕侠侣》。我到七宝中学，跟中学生们讲，你们上了金庸的当。男女之间不单单是谈恋爱，将来要一起过日子的，婚姻是爱情的一般归宿。像杨过和小龙女，一个爱得非你不嫁，一个爱得非你不娶，轰轰烈烈，激动人心。但是他们两个结婚了怎么过？别的姑且不论，谁做饭？杨过是残疾，一条手臂。小龙女除了会发嗲，不会做家务的，她从小到大没做过，都是孙婆婆照料她的。饭谁做啊？生活很现实的呀。还有，在"活死人墓"里面恋爱，有那么浪漫吗？日常生活用品哪里来？餐巾纸哪里来？说句笑话，餐巾纸总归要吧。我说，看《神雕侠侣》，要参考鲁迅的小说《伤逝》，两篇一起看。再说了，看爱情小说，看归看，千万不能沉进去。 很多人喜欢看琼瑶小说，我说琼瑶小说最多看三本：《一帘幽梦》、《心有千千结》、《在水一方》。 看四本都是多余了。 琼瑶写爱情也有模式——A 追 B、B 追 C、C 追 D、D 追 A，兜一圈。 看书，要超越一点，站到一定的高度看，就是苏东坡讲的，横看成岭侧成峰，远近高低各不同，你不能老是站在山里面看庐山，要站到山顶上面看，站到庐山外面看。

令狐冲这个人物淡泊名利，不求闻达，他没有什么社会责任心，更不要说去拯救世界了。 当然，在令狐冲身上，金庸别有寄托，我这里就不多说了。

最后的"英雄"是韦小宝，这个英雄我要打引号。 因为这是对英雄救世的反讽。 韦小宝是出生在妓院里面的野孩子，妈妈是妓女，爸爸是谁，他妈都不知道。 他从小是在遭人嫌弃、被人辱骂中长大的。 到北京前，韦小宝只受过一次正规教育。 茅十八跟人家打架，打不过，他帮着撒了一把石灰，后来茅十八正言厉色训他： 小子，我们江湖豪杰打架，哪怕打不过，也不会使用这种下三滥的手段。 韦小宝很震惊，第一次有人把他当人看，第一次有人认真教育他，所以他对茅十八感恩戴德。 后来，他救了茅十八好几次，就是因为茅十八这句话。

就是这样一个不学无术，什么背景、什么武功都没有的混混，从进宫开始，屡建奇功： 取四十二章经，揭穿假太后，擒鳌拜，到五台山为老皇帝护驾，赈灾台湾，出使莫斯科，铲平神龙教，干什么成什么。 追女人也是手到擒来，七个通吃。 无往不胜！ 反过来看天地会的总舵主陈近南，武功天下第一，名气如日中天，但干成什么事？ 一事无成。你看看《鹿鼎记》，从第一本到第五本，陈近南什么事都没有干成，还受冯锡范的气。 金庸为什么这样写？ 真是韦小宝的能力比陈近南强？不是。 这里面有反讽和犬儒幽默。 韦小宝能够畅行无阻的社会和时代，陈近南却感到寸步难行。 英雄失志小人得志，这是一个什么社会？这是一个什么时代？ 《鹿鼎记》是金庸对英雄救世观念的深刻反思，他深深感受到了英雄救世的无奈与苍白。 他心中的那盏灯灭了。

你看，一路下来，英雄人物表面上的模式变化与金庸心里对英雄、对英雄作用的认识变化是互相呼应的。 但大家注意到没有，到现在为止，对英雄救世的渴望和期盼，在我们社会还有相当不低的热度。 我们国家的封建社会历史太长，百姓总希望有一个好皇帝，有一个好领袖，出来一个英雄，都把自己的命运寄托在英雄救世身上。 其实这样不好，民众的自觉性不够。 看看金庸的思想转变吧。 我认为，韦小宝这个人物和他身上的文化符号，不管是广度还是深度，都超过了鲁迅先生笔下的阿 Q。 先生的那本书当然是开山之作，但是从丰厚和深刻来讲，我认为《鹿鼎记》写得好，虽然后面写得有一点油。

就讲到这里吧。 建议大家，换换角度去看金庸小说，比如《天龙八部》用宿命论去看，《笑傲江湖》从政治争斗去看，杨过从坏小孩变好了去看。 换个角度，感受和认识会不一样，想法也会多一些。

"战争的历史"还是"历史的战争"
——谈当代社会的二战记忆

▼

孟钟捷

| 华东师范大学历史学系教授 |

　　我自己是研究世界史和德国史的。今天跟大家讲一个离我们似乎很远的话题：二战。二战结束已经七十年了，可是这样的话题从去年开始，直至今天仍然是国际问题和社会生活中引起人们关注的话题。所以我的题目叫"'战争的历史'还是'历史的战争'"。换言之，我们今天谈二战，不是谈战争本身，而是谈跟这场战争有关系的记忆，以及这种记忆在今天有什么用，为什么产生争议。

　　请大家跟我一起回顾从去年直至最近，围绕二战记忆到底发生了哪些争议。

　　首先，2015 年是二战非常重要的纪念年，但与 2014 年作为一战纪念年相比，二战的纪念年不是很太平。2 月份就出现了那么大规模的斗争：希腊出现了反德国游行。反德国游行的背景是什么呢？我们知道欧洲处在债务危机中，希腊是债务危机最严重的国家，但是德国要求希腊：第一，财政制度要完善；第二，还钱。可是希腊人说，如果德国能够把当年二战结束时没有赔我们的钱赔出来的话，我们就没有那么大的压力了。因为按照希腊的算法，二战结束时德国本来要赔希腊的，可是因为冷战开始了，所以大家觉得无所谓，均属一个阵营，就忽略了赔款。可是仔细一算，这个赔款大概相当于 1600 亿欧元，而现在希腊欠两千多亿欧元。希腊认为，如果德国逼那么紧，那么先把钱拿出来。这种游行，包括对于总理默克尔的这种气愤，都体现在这样一种画面上。2 月份似乎已经体现出，二战纪念年已经出现了不太寻常的气息。

紧接着 2015 年 5 月 9 日红场阅兵，俄罗斯红场阅兵来了几个朋友，我们中国当然也去参加了，可是欧洲媒体对俄罗斯提出了非常多的批评，当然也有背景，因为乌克兰事件在前面。不过，欧人的批评不仅仅是针对乌克兰事件的，还指出俄国人之所以要红场阅兵，目的是炫耀武力。难道你还想要战争吗？在大家都要哀思时，你干吗要把大炮、飞机都亮出来？你是秀肌肉的吗？这种声音非常多。

第三，8 月 15 日，中韩两国盯着日本，看日本的首相是不是去敬拜靖国神社？还好日本往后退了一步，日本首相没去，但是内阁总务大臣去了。这件事情同样也成为极具争议的话题。8 月 15 日，作为二战在亚洲战场的结束日，大家都应该来纪念在这场战争当中被杀的老百姓，为什么你还会去敬拜靖国神社。当然日本的辩护每年都是千篇一律的，都说这也是为我们国家而献身的英雄，但这样的话语显然不能引起中国和韩国的民众认同。

12 月 13 日是南京大屠杀国家公祭日。二战纪念年以 2015 年 1 月 27 日奥斯维辛集中营被解放 70 周年为开端，在那样一个节日仪式上，欧洲绝大多数的元首都到奥斯维辛集中营进行悼念，那个时候大家都没说这样的仪式有什么问题，大家都觉得我们找到了一个共同纪念二战的对象。可是当我们开始南京大屠杀国家公祭日仪式的时候，日本说你这样做是在煽动仇恨，然后美国和欧洲的国家跟着日本发声，觉得这种祭奠的仪式背后，有很强烈的国家权力的影子。

是不是我们不应该有这样的纪念仪式呢？ 其实不然。 日本在 2016 年 4 月份的七国外长会议上，邀请七国外长参观广岛核爆纪念公园。 日本还希望美国的国务卿克里表示一下哀悼，因为广岛的原子弹是美国放下去的，当时死了 30 万人，希望美国人能够表现出一些悼念的心情，当然美国是拒绝了，可是日本国内这样的想法从来没有消失过。

离我们非常近的上个星期，美国总统奥巴马去了日本，然后日本也安排奥巴马去了广岛的核爆纪念馆，当时就希望奥巴马能够在广岛说出自己道歉的话，但是奥巴马很巧妙，奥巴马说"记忆不会磨灭"，这话是模棱两可的。 什么记忆，什么东西不可磨灭，他没有说清楚。 不过，即便这样的一种行为，在中国韩国实际上也引起了非常大的反弹。 我看中国的微信上就有人说，与其去广岛，你为什么不来南京呢？

实际上，从 1 月 27 号奥斯维辛集中营各国的悼念仪式开始，日本一直在推动各国元首访问广岛，希望在广岛营造一个跟奥斯维辛类似的悼念仪式。

如果我们看看这一系列关于二战纪念的事件，大概会有这样一种感觉： 我们谈的其实并不是一场战争本身——战争已经结束了，硝烟已经消失 70 年了，可是在硝烟背后，该怎么纪念的问题大概还会继续争论下去。 这样一种争论，我把它叫做"历史的战争"。 如何利用二战为本国利益服务？ 各种争论的焦点是什么？ 如何才能找到彼此相互妥协的可能性？ 这是我今天要讲的一个话题。

我大概讲四个方面的内容。

第一个方面偏理论性。 我会从理论的角度讲一下为什么这个话题会引起我的关注。 其实这也不仅仅是我的关注，现在有大量的历史学研究者都越来越关注记忆的研究。

第二，我会讲各国内部的二战记忆塑造是怎么形成的，怎样应对各种各样的斗争。

第三，讲各国之间的二战记忆怎样进行碰撞。因为第二次世界大战是一个世界性的战争，所以它的记忆一定是一个国际性的记忆，这种国际性的记忆一定是相互之间交融，相互之间进行妥协、让步之后的产物。那我们看其他人是怎么做的，这样才能明白继续存在争议的背景。

最后是中国抗战记忆的国际化与日常生活化。中国的抗战记忆始终是我们关注的话题，虽然我是研究德国史、世界史的，但我的问题意识仍然是站在中国的立场上，关注我们中国的抗战记忆，怎么样才能够被人家理解，怎样让我们的下一代觉得，这样的记忆仍然是我们必不可少的记忆，这是我们民族成长当中一个非常重要的符号，我们要把它保持下去。

我想，关于记忆的研究是历史学研究当中非常火的话题。如果查最近二十年全世界范围内的论文，我们会发现，关于记忆的话题一直占据主要学术期刊的主流。中国学术界现在也越来越关注这样的话题。为什么呢？

首先，我们有一个清醒的反思，我们已经越来越摆脱一百年以前对历史学的认知。我们这次是文史哲三个学科一起来，以前对文史哲有一个基本的定位，叫做"真、善、美"，历史学是求真的，哲学是求善的，文学是求美的。

历史学被赋予求真的使命，是来自一百年前德国非常有名的历史学家兰克，他有句话叫历史学的任务是"如实直书"。我们找到什么材料，说什么话，只有做到这一点，历史学才是一门科学。可是过了二十年左右，有人就对兰克提出了反驳的意见。到了二十世纪上半叶，其实大家都认识到历史学不能给大家完整的答案。

这样的认识我们概括为一句话，就是意大利的历史哲学家克罗齐说的"一切历史都是当代史"。所有历史学家的研究，看上去告诉你，我找到了一个客观历史发展的真相，但是实际上，它的一切问题来自当代，我们当代关注什么问题，过去的一些东西才会显得有意义。 我虽然研究德国史，但是我对二战感兴趣并不是一定要恢复二战历史本身，而是我觉得为什么今天有这么多争议，大概我们要从 1945 年以来的发展进程中找答案。 所以历史的一些问题来自当代的困惑，这是很重要的一个提示。 人们开始思考，历史学家为什么会在当代提出这样的问题？ 为什么此前没有产生？

推进到六十年代，法国历史学家勒高夫提出"历史与记忆"。 他说看上去我们历史学家研究的是历史，实际上我们研究的是一种记忆。记忆是历史长河中一个组成部分，在历史长河当中，有些人记住了一样东西，比如说我们研究皇帝是怎么生活的，我们非常有用的工具是起居注，就是皇帝身边的历史学家记录皇帝今天干什么、明天干什么。 他不可能每件事情都记，而是有选择地记。 历史学家认为重要的，他记下来，不重要的，或者他没有看到的，他怎么能记下来呢？ 所以记忆一定有损耗，记下来的东西，一定代表着他忘记了一些东西，所以历史学家可能感兴趣的问题是： 一，历史上有哪些东西是可以记下来的；二，是不是历史上也有哪些东西被遗忘了。 勒高夫提出记忆是历史研究当中非常重要的环节之后，很多东西都豁然开朗，历史学的一些话题就变得非常当代化，与我们的现实结合在一起。

到七十年代，人们开始讨论，既然记忆是非常重要的一个话题，记忆应该怎么研究呢？ 记忆跟生物学是有关系的。 生物学到现在也在研究人为什么会遗忘的问题。 人的记忆机制到底是怎么样的？ 年纪大的时候为什么有些事情会忘掉，有些事情永远难忘？ 为什么患了老年痴呆症的时候，有些事情马上就会忘掉，而小时候那些事情就会记住？可能跟机制有关系，所以神经科学的研究变得很重要。

但历史学家不参与神经科学的研究。 历史学家认为人的记忆在神经科学之外还存在着文化的作用。 看上去，个人的记忆是由自己记下来的，可是一旦我们把它放在文化的氛围当中，便会发现个人的记忆是如此不自由。 套用一句卢梭的话说："人是生而自由的，却又无时不在枷锁之中"。 看上去每个人是自由地思考，可是你记忆中的事情并不一定是真实发生的。

这样的事情应该怎样研究呢？ 于是出现了历史学家一步一步的推动。 首先看到个人记忆很重要，所以电视台有很多个人访谈的节目。可是你把个人访谈节目放在一起，你会发现有些人的叙事逻辑有些相似，有些人的叙事逻辑是不一样的，你会考虑为什么有一群人叙事逻辑是一样的。 大家都会想到建国以后发生什么事情，重大的事情都是按照历史的节奏来的，这种历史的节奏是谁给你的？ 不是个人记忆给的，我们的历史教科书当年就是这么教的，这种历史教科书不是代表着个人的记忆，而是集体的记忆，是一种框架性的记忆，这种框架性的记忆告诉你，你应该记住什么。 这样一种框架性的记忆，能够让我们认识到，为什么有一些国家认为自己就是受害者。 比如说日本的很多民众，到今天为止都认为自己是受害者，因为在他们的历史教科书里面，关于他们怎样侵略中国的内容是少量书写的，但是关于核爆的叙述是很多的，包括很多照片。 集体性的记忆通过历史教科书的途径，就变成了一代一代日本人的记忆。 这也是我们如此关注日本教科书的重要原因。 它不仅没有写南京大屠杀的问题，而且整个的二战叙事都是存在问题的。

第二个，集体记忆之外还有一个叫做"社会记忆"。

一个社会由不同的团体组成，不同的团体是一个集体，这个团体的记忆只是社会记忆当中的一个组成部分，如果这部分的团体占有了权力，或者它有了更多的发言权，它当然可以更多地把自己记忆的对象和内容拿出来。 等一段时间过去，这个团体的势力开始衰弱，其他团体的势力开始上升，人们就会发现不同的记忆之间出现斗争了。

我一会儿会讲到德国，就是非常明显的例子。 德国人在二战之后，有将近二十年的时间，几乎不谈二战当中他们做错了什么事情，就像日本一样，谈论的是二战结束时德国遭受盟军轰炸而死亡的亲朋好友。 在二十年当中，这部分人的声音占据了主流，所以就国家内部记忆来讲，他们觉得德国不是一个加害者，而是一个受害者，所以要保护自己的权力，甚至要美国进行赔偿。 但是过了二十年，便出现了一个新的问题。 新一代人成长起来，这代人受到美国的影响，看到了美国的一些二战书籍，明白二战原来不是父亲母亲跟我说的那样。 在此之后，德国正面的、要向受害国进行道歉的形象，才慢慢树立起来。

我们可以看到，从集体记忆到社会记忆的过程是相互斗争的产物。这是第二个过程。

第三，我们还会看到有一些记忆是亘古流传的。 比如下个星期就是端午节假期，今天重新把端午节作为节日来设定，告诉大家，端午是具有中国传统文化意义的，希望孩子们仍然记住节日背后的文化意义。文化的继承不断通过节日的方式呈现，我们称之为"文化记忆"。 文化记忆比社会记忆更为稳定，因为社会记忆可能跟权力的更迭有关系。

我给大家看的两本书，阿斯曼夫妇的，他们在各自的研究领域中做出了巨大贡献。 女士阿莱达·阿斯曼是研究英美文学的，男士扬·阿斯曼是古埃及方面的考古学家。 他们两个在各自的研究领域当中，发现了一个很有意思的现象： 有一些记忆通过长于一百年的时间，慢慢成为一个民族、一个社会的文化象征。 有一些文化性的符号，在历史的长河中始终没有被抹去。 比如扬·阿斯曼在考古的时候，发现在金字塔里的一些棺木上有一些符号，尽管历经多个王朝的更迭，但是这些符号没有发生改变。 为什么？ 因为尽管政权更迭了，但是从社会心理的角度来讲，大家都接受它了，都觉得这是一个非常重要的民族象征，所以这是一个文化记忆的塑造过程。 它大致需要超过一百年的时间。

这对我们其实是一个很好的提示，因为第二次世界大战结束才七十周年，七十年当中出现的各种争论，代表第二次世界大战还没有成为一个文化记忆。 我们还有三十年的时间。 应该怎么做，才会让我们拥有一些主动性？ 在我看来，中国的抗战记忆如果做一些主动性的选择，也有可能改变我们今天面临的各种不利因素。

第二次世界大战结束以后，各国的二战记忆基本上都是沿着自己的轨道前进的。 1945年第二次世界大战刚结束的时候，其实有很好的机会来共同商量我们应该怎样纪念这场战争，而且当时并不是没有这种努力，最著名的就是两次非常重要的审判——纽伦堡审判和东京审判。

纽伦堡审判和东京审判，除了审判战犯之外，很重要的，是它树立了一个二战应该如何记忆的范本，因为在这两次审判当中确定了谁是战胜国，谁是战败国，谁应该负责任，赔款由谁来承担，又应该如何进行，应该如何进行接下去的审判。 比如在纽伦堡审判后，几乎所有的德国人都做过一百三十多道问题的回答，调查他们到底在纳粹时期做过什么，参加过什么组织，做过什么坏事情，要自己来回答。 根据这样的回答，盟军再判断你到底是一个坏人，还是一个胁从者，还是一个清白无辜的人。 所有德国人经过排查，以此界定在战争中的罪责。 这样的审判是非常有效的，能够确定二战如何记忆的问题，非常清楚谁是作恶者，谁是无辜者。

可是很有意思的是，这种国际性的确定二战历史怎么记忆的做法，很快就消失了。 因为1945年战争结束，年底几个国家被占领，不久冷战开始了。 冷战马上改变了国际性共同记忆的对象，战胜国分裂了，苏联和美国吵架了，德国一分为二了，日本从战败国变成了美国的阵营，美国不再让日本为它的战争罪行进行道歉，于是所有一切就变成了各自按照自己的逻辑前进。 自己的逻辑是什么呢？ 这些国家当中，1945年之后，或者1949年之后，最重要的问题是怎样让国家从战争的状态，比较安稳地转变到和平的状态，怎样把国家带到一个更强大的未来，这些问题成为了主流。

接下去讲三个例子，是我自己研究的重点，德国、法国和以色列。德国是非常重要的战败国，法国是跟德国相对的一个国家，以色列恰好和中国有非常类似的痛苦记忆，但是我们可以看到，这三个国家的记忆并不是一开始就像今天看到的这样。

德国 1949 年分裂为两个国家，一个是民主德国，一个是联邦德国。民主德国成立的时候，很明确地宣布自己跟纳粹罪行毫无关系，原因很简单，民主德国的领导者是统一社会党，统一社会党的前身是德国共产党，德国共产党认为自己是反法西斯战士。事实也是这样，在纳粹时期，有大量的德国共产党员被纳粹逮捕，送到集中营后牺牲，所以民主德国认为自己跟罪恶的德国人没有关系，跟纳粹德国也没有关系，不需要认罪，也不需要对以色列、犹太人进行赔偿，这是它的基本立场。

在民主德国境内，有个非常重要的集中营——布痕瓦尔德集中营，在魏玛边上，这个集中营在民主德国建立以后的二十年当中，被荒废掉了。

但是此举反过来建立了一个非常重要的意识。1945 年的 2 月 13、14 日，正值西方的情人节，英美联合空军对德累斯顿进行了两天的轰炸。在这场轰炸中死亡的人数是 2.5—3.5 万人。德累斯顿为什么被轰炸？因为那里屯藏着很多要向东线输送的武器，还有大量的军人在那个地方，所以盟军一定要轰炸它。可是民主德国建国之后，就把德累斯顿作为一个控诉冷战对手英美集团、资本主义国家妄图消灭德意志人的证据，每年都在 2 月 14 日这一天，集中起来控诉英美有多么不好。可是大家知道，这样的记忆是有问题的，因为如此一来，就把德意志人进行反省的机会丧失了，这是民主德国的例子。

联邦德国很清楚，自己无论如何都不能脱开与纳粹德国的关系，所以第一任联邦德国总理阿登纳一上台就说得很清楚，我接收所有纳粹德国的权力，也继承所有的罪行，所以我承认我要为此道歉，这没问题。但是在内政上，他认为联邦德国在被占时期已经够苦了，自己人整自己人，这样一段历史太可怕了，所以第一次国会开会的时候，阿登纳就宣布，这样的日子到此结束，我们接下去要帮助德意志人尽快地"恢复正常状态"。 怎么恢复呢？ 紧接着第一部法律通过，叫《大赦法》，在被占时期被判有罪的那些小的纳粹罪犯被释放了。 到 1955 年第二部《大赦法》颁布后，几乎把所有的重要罪犯都给释放了。

我们知道东普鲁士在波罗的海沿岸，而东普鲁士这块地方，到第二次世界大战快要结束的时候，按照盟军的分配，不再属于德国，而是被俄国和波兰瓜分了。 苏联为了拿到波兰这部分的土地，要对波兰进行赔偿。 怎么赔偿呢？ 就让德国的边界向西移了十几公里，这样一来，原来生活在这块土地上的德意志人就要被迫迁徙了。 这个迁徙速度很快，一年半时间，有一千多万人回到了德国，但是这个过程发生在寒冷的冬天，时间又很紧，所以死了很多人，据不完全统计，最起码死了两百万人以上，所以德意志人到今天为止，对这件事情还是耿耿于怀的。他们在柏林的德意志历史博物馆里面，就专门保存了一个三轮推车，就是在被迫迁徙的过程中的遗留品。 他们认为这是德意志民族历史上一个非常重大的记忆，甚至有人提出： 我们杀了六百万犹太人就说我们罪大恶极了，可是我们在迁徙过程中莫名其妙死了两百万人，怎么没人向我们道歉呢？ 这样的话题一直存在于建国之后的二十年当中。 德意志人主要把自己作为一个被害者来看待，大家通过各种各样的方式回顾，说我们的历史有多么痛苦。

但是那些被害者怎么样呢？ 为什么没有发出声音呢？ 那也很正常。 被害者当中有一些，有所谓"创伤性记忆"，受到了大量迫害之后不愿意再说。 受害者自己不说，加害者当然也不会说了，所以大家都保持沉默，沉默被视作非常好的一种方式。

阿登纳政府时期，不仅不再追究战犯的责任，而且还把战犯送到非常重要的位置上。 这个人曾经是 1935 年《纽伦堡法》出台之后的法律解释人。 《纽伦堡法》臭名昭著，是纳粹政府颁布的，为了区分谁是犹太人，谁是非犹太人，因为这部《纽伦堡法》被迫害的犹太人不计其数，也正因为这样，对纳粹战犯的审判要选在纽伦堡举行。 这么一个臭名昭著的人，最后担任的是阿登纳政府时期的总理办公厅主任。 不仅如此，在阿登纳政府中，最起码有三个内阁部长都是前党卫军的高级军官，但是阿登纳在位的时候，没有人把这个事情翻出来。 到了六十年代中叶以后，有人开始翻出来了，原因就是刚才我讲到的，一个代际的更迭，年轻人起来了，大家开始觉得这段历史应该得到记忆。

当这代人开始进行回忆的时候，马上有一些爆破性的事件出来了。 1963 年在联邦德国的法兰克福，进行了一系列的审判，历史上叫做"奥斯维辛审判"，主要审判的是奥斯维辛集中营的看守、医生、军官。 今天我们一想到奥斯维辛就想到屠犹，像这样的一种感觉，就是 1963 年带来的。 奥斯维辛的审判对德国人来说是非常重要的心灵的涤荡，因为那个时候已经有黑白电视机了，有大量的媒体跟踪报道。

联邦德国刚成立的时候，根据教育部长联席会议的基本精神，教科书不应该讲当代的事情，因为当代太短，历史讲不清楚，所以六十年代的教科书讲的是 1914 年以前的事情，对一战、二战的反思，在这一代年轻人的历史书上是没有的。 奥斯维辛审判之后，年轻人懵掉了，才知道原来他们生活在有这样一段历史的国家，他们纷纷问自己的父母到底做过什么事情。 这种情绪慢慢聚集，最终发展为 1968 年的学生运动。

这场学生运动最高潮的时候，发生了一件事。 有一个女记者通过调查发现，当时联邦德国的总理基辛格居然曾经是党卫军的高级军官，这件事情被揭发以后，大家非常激动，在记者招待会上，这个记者勇敢地上去打了基辛格一个耳光。 没有人为基辛格叫冤，很多人觉得记者做得好。 反政府运动，包括青年的反文化运动，整体上越来越高涨，整个联邦德国就处于记忆开始转型的过程中。

这个记忆转型又碰到一个非常好的政治时代。 阿登纳代表的是保守党，保守党希望这个社会越来越稳定，可是左翼政党并不满意这样一种时代，左翼政党认为社会应该继续向前进，其代表就是德国社会民主党。 1968 年德国社会民主党上台以后扭转了人们此前对历史的认识，人们意识到应该好好反省历史，才能更好前进。

波兰的犹太人隔离区之外有一个纪念碑，1968 年起担任联邦德国总理的勃兰特在访问波兰的时候，在这个纪念碑前突然下跪。此前，他没有做过任何准备。这个举动让很多人感到吃惊，因为跟前任基辛格相比，勃兰特实在是太干净了。在 1933 年 1 月 30 日，希特勒上台的时候，他刚好在国外。他当时是记者，看到希特勒上台就决定不回去了，所以纳粹时期，他就在国外担任反纳粹的斗士，不断写文章批评政府。从严格意义上来讲，勃兰特和纳粹罪行一点关系都没有，他根本不需要道歉，因为他没有杀人。但他是政府的总理，他需要有一个正常的表态。他突然下跪，各国记者在边上拍照，这张照片以后不断地出现在人们回忆二十世纪时的画面里。由于这样的举动，当年年底他被授予诺贝尔和平奖。这是一种国家形象的正面表达。可是这种正面表达，并不代表整个德国的记忆一下子就转变了。

在前二十年当中，那么多人都认为他们不应该回忆这件事情，不应该再揭民族的伤疤，这种现象不会因为国家总理突然下跪表示歉意，就发生很大的变化。《明镜周刊》的封面刊登这张照片时，就表达了这个意思。封面上有个问号，用了一个德语词"Durfte"，相当于英语的"should"，意思是勃兰特应不应该下跪。调查结果是什么呢？20% 左右的人认为应该下跪，40% 左右的人认为不应该下跪，40% 左右的人不表态。这表明，社会心态并不是那么容易转变的。

一直到 1979 年美国的电视剧《大屠杀》，情况才发生了变化。这个电视剧，老实讲，我并不觉得很好看，但其重要性在于，它起到了进行民族历史启蒙的作用。它提出了一个很简单的问题：如果你的邻居曾经跟你很好，可是一个政权认为这个邻居是坏的，因为他是犹太人，你该怎么做？电视剧播放以后，据说收视率很高，有百分之八十几，当然和当时的电视节目比较单一也有关系。民主德国也看到了这部电视剧，认为它是非常重要的历史启蒙。它和勃兰特下跪的举动，共同组成了推动德国历史记忆发生转变的重要动力。 整个七十年代是德国非常重要的历史记忆的转折期，这与德国国内的行动是非常有关的。

有人会问，德国这样不认罪，这样对国内进行教育，难道其他国家不警惕吗？ 其他国家为什么不对它施加压力呢？ 这是联邦德国做得非常巧妙的地方。 从阿登纳开始，对内是对内，对外是对外。 对内要求恢复正常状态，允许让纳粹的前军官、前官员回到正常的德意志社会生活当中，但是对外，阿登纳从 1955 年开始推动，主动向以色列赔款，然后宣布联邦德国跟以色列有特殊的外交关系，凡是以色列反对的，他一定反对。 这个外交立场到今天为止还没有发生变化，因为他们觉得这是德国必须要承担的义务。

到了八十年代以后，发生了一些问题： 社会民主党下台了，1982年保守党上台，在两德统一之前，保守党的历史态度总是很摇摆。 科尔总理一上台就说了一句我们今天耳熟能详的话： "我们这一代有晚生的幸福。"这句话有充分的背景，因为科尔是 1930 年生的，1945 年时15 岁，他既没有机会参加战争，他个人的天主教背景又阻碍了他参加纳粹的希特勒青年团，所以他认为他们这一代人跟战争罪行一点关系也没有，也没有屠过犹，因此从新一代成长的角度来讲，应该给未来一个更好的过去。 所以他认为，历史教科书就应该修改，不应该再谈丑恶的历史，而是应该向前进。 这样的表态让全国都很紧张。

到 1985 年 5 月 8 号，总统出来说话了。 德国的政体当中，总统和总理之间是一个比较微妙的关系，总理有实权，总统是象征性的。 总统虽然是象征性的，但他说的话还是有力度的。 1985 年 5 月 8 日，总统在国会发表演讲，他就是去年年初刚去世的魏茨泽克，他是历史学家。 他认为，对于这场战争的记忆，不是简单的一段历史而已，而是关系着德国在未来怎样跟周边国家搞好关系。 5 月 8 号是第二次世界大战结束日，但这个时间点对德国来讲是很尴尬的，因为它代表着失败日，没有必要庆祝。 但反过来，5 月 8 日对英国和法国来讲却是很重要的，因为欧战结束了，所以要庆祝。 1985年5月8日，总统魏茨泽克在国会说，5月8日对德国人来说是非常重要的日子，我们不要再把它作为失败的日子，失败的不是德国人，而是纳粹，是纳粹党失败了。 德国人要感谢盟军，把我们从纳粹主义的独裁之下解放出来。 他这样一番话，有两个非常重要的作用： 第一，强力反击科尔不愿承担历史罪责的言论。 他认为，历史一定要继续纪念下去。 第二，既然5月8日同样是德国人值得纪念的日子，所以德国可以跟法国、英国找到共同纪念的可能性。 从1985年开始，一直到今天为止，5月8日都是德国的公共假日，而在这一天里一定会有游行，右翼的游行也会选在这一天。 右翼认为世界应该承认他们是受害者，但是右翼游行一般只有两千人，左翼游行一般有两万人。 1945年以后，或者1949年以后，联邦德国的记忆基本上伴随着不同集体记忆的运作和相互抗争，慢慢形成了社会的记忆。 这个社会记忆是通过政治运作的方式稳定下来的，并借助时间发展，慢慢沉淀下来。

法国是战胜国，跟中国有同样的身份。 当然跟日本在中国不一样的是，德国在法国没有进行大屠杀，所以对大屠杀的记忆方面，法国与我们可能没有共性。 对法国来讲，问题是，一个胜利者的叙事该是怎样的？ 让人尴尬的是，法国在二战开始不久居然投降了，不仅投降了，还成立了很糟糕的政府——维希政府。 维希政府并非是傀儡政府。 大量研究发现，维希政府在很多问题上主动跟纳粹政府合作。 可是二战刚结束的时候，维希政府的丑陋形象是大家的禁忌，法国人都不想谈。法国人自豪的是自己曾经有过抵抗运动。 在整个被占期间，抵抗最厉害的是法国共产党，此外是戴高乐。 戴高乐在二战刚开始时只是一个低级别的将官，而且他那个时候也没有在国内进行抗争，因为他刚好在英国。 他在那里组织了一个"自由法国运动"，号召法国人要进行抗争，又派了大量的法国地下英雄回到维希法国，然后和法国共产党联络。 可是这些抗争的故事，是不是能够掩盖掉大多数人在战时支持维希政府的事实呢？今天看是掩盖不了的，可是在解放以后的二十年间，法国人却不想谈维希政府，而是谈论各种暗中支持自由法国运动和法国共产党的抗争。

过了没多久，大家发现有几个问题解决不了：第一个问题，1939年第二次世界大战爆发之前，苏联跟德国签订了《苏德互不侵犯条约》。从1940年6月法国被占领，一直到1941年6月苏德战争爆发，法国共产党在做什么呢？有没有跟德国纳粹政权进行合作，帮助它占领巴黎呢？

第二个问题更严重，大家发现维希政府根本不是少数人支持的政府，而是多数人支持的政府。例如萨特在巴黎被占领期间去巴黎顶替了一个犹太中学教师的职位。萨特究竟知不知道这个职位原本属于一个犹太人？法国人对犹太人的想法到底是什么？法国人在战争期间到底有没有反犹呢？研究发现，维希政府在反犹这个问题上比纳粹政权还要积极。这件事情，1996年法国政府承认了，并在巴黎单独成立了一个犹太人被害纪念馆，专门纪念被占时期那些被害的犹太人。在此之后，法国的抵抗神话开始消解了。法国突然觉得自己应该以更低微的姿态来还原这段历史。他们还应该反思，为什么法国人在二战期间有法奸？为什么会出现排犹这样一些糟糕的事情？

第三个问题，以色列。以色列是第二次世界大战之后的产物。如果没有二战屠犹的事情，以色列建国遥遥无期。关于以色列为什么要在那个地方建国，什么时候建国，有很多争论。一战之后二战之前，实际上已经有很多讨论了。有人曾希望把犹太人全部放在非洲，在非洲重新建立一个国家，当时英国、法国都同意了，可是最后没有实现。后来大家同意按照一部分犹太人的想法，放在巴勒斯坦。不过，以色列和中国一样，在第二次世界大战中有着被屠杀的悲惨命运，而且在被害之后的主要叙事不是一种悲痛叙事，而是英雄叙事。这个国家成立时，需要的不是一个犹太人被杀的故事来作为国家的精神，而是需要一个英雄故事： 英雄怎样在集中营里奋起反抗。 这是因为以色列建国的第二天就发生了战争，有大量年轻人要走上战场。 走上战场的这些人需要有一个英雄的故事来激励他们。 这是一个很重要的出发点，由此国家才选择了那些英雄故事来作为以色列建国的背景。

此外，以色列虽然是由犹太人建立的，但最初成员并不都是犹太大屠杀的幸存者，也不全是犹太大屠杀牺牲者的家属。 有人估计这两类人的比例是30%左右，其他70%都是来自于其他国家。 这就造成犹太大屠杀幸存者的故事无法引起共鸣，甚至受到怀疑： 你为什么引颈待戮？ "你是个懦夫"，就变成了流行的批评语。 很多人都因为自己是大屠杀的幸存者，反而为这样的身份感到羞耻。 这种感觉大概经历了二十年左右。

到1961年，事情出现了一个转机。 那一年，奥斯维辛集中营一个著名的看守艾希曼接受了审判。 艾希曼当然说了很多自己无罪的话，但是他也说了很多犹太人如何在奥斯维辛集中营里面生活的事情。 这引起了很多以色列的大屠杀幸存者的共鸣，也得到了以色列政府的重视。 于是以色列政府就支持了大量口述史项目，把大屠杀幸存者召集起来，进行采访。 当然这样的大型采访活动存在很多问题，例如时间久远而记忆不清，相互影响导致记忆失真等。 但不管怎样，到七十年代左右，以色列基本上决定把犹太大屠杀作为自己非常重要的国家记忆来对待。 自此，以色列的重要国家记忆对象不再是抗争英雄，而是无助被害者。 这种悲痛形象，刚好跟以色列历史上所遭受的各种各样的凌辱接起来，成为他们的一种重要记忆。

我们可以看到，二战之后的三个国家，一个是战败国，一个是战胜国，一个是典型的受害国，它们的战后记忆塑型不是一下子出现的，而且个体记忆在社会记忆、集体记忆塑造中也是很渺小的。 国家在权力运作过程中希望运用一些记忆，为本国的继续发展提供一些正向的动力。

　　当然记忆是需要双方协商的。 第二次世界大战是世界上的大事情，战胜国战败国需要在一个平面上相互对话，即所谓共性记忆，或者协商记忆形成的过程。 我们可以看到，各国之间其实都面临这样的一个问题，我是这么记的，你是那么记的，那么对于相同的问题，究竟该如何达成统一立场呢？ 例如屠犹。 其实在当时的战争过程中，犹太人在很多国家都被作为排斥的对象，不少国家还同德国进行合作。 在东部战线上，杀犹太人的不单是德国人，还有匈牙利人，甚至还包括波兰人、乌克兰人。 正因如此，在奥斯维辛集中营这个纪念仪式上，我们才能够看到那么多的欧洲国家领导人。 他们发现自己作为加害者，也是可以建立对话平台的： 大家都做了坏事情，所以可以进行共同的悼念活动。

　　第二个共通的手段是什么呢？ 一起来编教科书！ 2010 年开始，德国和法国编了共同的教科书。 有意思的是，第二次世界大战怎么爆发，其间发生了什么事情，最后导致什么样的结果，德法没有任何争论。 有争论的是二战后美国在欧洲扮演了什么角色这个问题。 由此可知，在第二次世界大战这个问题上，德国和法国已经解决得非常好了。

　　可是这种相互的记忆并不是没有问题的，接下来我简单讲一些问题。

　　第一，当我们记忆谁是受害者时，其实我们只是记住了受害者的一个身份，而没有关注到受害者往往有多个身份。 例如一个犹太大屠杀受害者，当然是犹太人，但他不一定是德国犹太人，而有可能是波兰犹太人、匈牙利犹太人。 再者，即便是犹太人，也不代表他就是信仰犹太教的。 不少德国犹太人其实已经改宗，只不过因为《纽伦堡法》的规定而被归于犹太人。 进一步来说，即便都是德国犹太人，仍然也存在着政治身份的差异，如共产党人或社民党人。

　　波兰在苏东剧变之前，掌控着奥斯维辛集中营。 在它看来，奥斯维辛集中营内的首要受害者是波兰人，其次要纪念的是共产党人，最后才是犹太人。 等苏东剧变后，波兰才开始慢慢把奥斯维辛跟屠犹问题结合在一起。

再如达豪集中营。 今天达豪集中营有四个不同的教派纪念场所，它们都是最近十年陆陆续续建立起来的，包括犹太教、东正教、天主教、新教。 他们认为达豪集中营里面的受害者并不都是犹太人，所以不同的死难者，应该有不同宗教的悼念仪式。 尽管如此，相关的悼念仪式仍然出现了争论：有些人认为应该把犹太纪念场所放在集中营的正当中，以显示德国人对屠犹这件事情的悲痛心情。 但有人认为该集中营的受害者更多是由于政治身份而受到迫害，目前强调宗教色彩的做法实际上是模糊了事实。

第二，加害者的"被害情结"。 失败者或者战败国有没有权利为自己在战争中失去的一切悲伤？ 当然是有的。 可是问题就是，在二战纪念的大背景下，应该怎么诉说自己的悲痛故事？ 这是一个大问题。 我们可以看到在德国始终有一股力量，强调前面讲到的德累斯顿的事情。德累斯顿在德国的东部，萨克森的首府，萨克森州议会里面的右翼政党，已经过了5%的选票界限。 它要求把2月13日和2月14日定为德累斯顿的纪念日，而且是全国纪念。 此举让大家觉得紧张。 幸好联邦政府说不能这样，我们永远不会承认这样一个日子。

第二个例证是广岛核爆。 日本政府一直想把它上升到和奥斯维辛集中营屠犹事件同等的地位。 日本人非常清楚整个欧洲在纪念奥斯维辛集中营的行动中遵循怎样的叙事逻辑——换言之，欧洲人认为，屠犹是现代性病态的产物。 现代性表现在工业技术进步上，但它却为大规模屠犹提供了条件。 一个非常重要的技术（化学药品），本来应该造福人类的，反而用来杀害人类。 这件事情应该得到彻底反思。 这是欧洲人普遍的想法。 日本也学着把这套理论运用在核爆问题上。 它认为，只有日本，只有广岛和长崎这两座城市，成为受到核爆灾难性后果的地方。 而核这样的技术同样应该被用来造福人类，结果却被用来杀人。

这一结果是同奥斯维辛一样的，应该得到纪念。 实际上早在三四十年以前，日本人的这套逻辑已经被欧洲人接受了，体现在他们的历史教科书中。 他们运用最多的二战照片，一类是奥斯维辛集中营里面的图片，要么是白骨累累，要么是犹太人等待着通往奥斯维辛集中营的火车，另一类就是广岛核爆的图片。 大家就可以想象，三四十年以来一代又一代的欧洲年轻人，都是受到如此教育的。 他们对美国何以进行核爆的背景并不清楚。 那么，南京大屠杀有多少人了解呢？ 实际上，很多教科书里只有一句话，甚至根本没有提到。 这是中国目前在述说二战体验时无法得到其他国家理解的重要原因。

和这个问题有关系的是：宏大记忆与个体记忆的落差。 所谓宏大记忆和个体记忆，可以体现在两个层面上。

第一个层面，当德国政府宣布自己是有罪的，认为自己应该为二战的罪行进行一生悔过时，并不代表每个德国人都是如此想的。 德国老百姓会说，我的爸爸是二战当中参战的军人，他告诉我他在战场上就是一个简单的军人，没有杀任何犹太人。 那你说，到底谁说的对？ 一个个体的经验，在一个宏大的国家记忆当中，到底会有什么样的冲突？ 大家可以想象。 但是我讲的可能不止于这样的层面。

大的层面是，为什么某些国家的个体记忆无法得到认同？

去年我专门做了一个课题，把 1949 年以来联邦德国所有的历史教科书都翻了一遍。 在所有的历史教科书中，只有两本历史教科书提到中国在第二次世界大战当中死了多少人，而其他教科书虽然提到了波兰、苏联甚至日本的死亡人数，却对中国一无所知。

这种无知，当然有很多原因，比如中国的统计数据不那么科学，我们还不能够提供给大家可以相信的数据。 但另一个重要原因是，我们的成果至少没有被国际社会知道或接受。

再者，为什么红场阅兵之类的阅兵仪式会产生如此之多的争议？ 问题主要在于各国对战争记忆的形式存在着争议。 实际上欧美整个战争记忆的模式，从第一次世界大战之后就发生了很大的变化。 此前，在冷兵器时代，或者冷热兵器交替的时代，战争的规模是有限的，战争当中的死亡率也是有限的，战争当中的战略是很重要的，战争当中的英雄更重要。 所以每次战争结束，一定会在城市当中竖立各种各样的英雄雕塑，巴黎便是如此。 一战带来了重要变化。 由于死亡率很高，英雄再怎么宣传，都不能掩盖大量平民死亡的事实。 所以第一次世界大战之后，在欧洲就出现了大量的悼念平民的纪念建筑，悼念普通老百姓和普通士兵，围绕这些建筑还举行了一些仪式。 这些仪式不再是此前崇拜英雄的主题，而是变成了悼念仪式，感受平民在战争中失去儿子、失去丈夫的心情。

最后谈一下我的思考。

在我看来，我们9月3日的阅兵仪式是一个标志点。 它标志着：

第一，政府越来越重视二战记忆对于国家和民族未来发展的重要性。 历史不是简单的过去，一旦你发现它的重要价值，便会知道它的对内整合和对外宣扬的力量有多大。 9月3日正是扮演了这样一个角色。

第二，在过去的几十年中关于抗战的记忆，实际上是有争议的，不同的社会团体根据自己的体验，会提出不同的观点，所以在社会层面上存在各种争论性的话题。 9月3日的阅兵仪式是国家把各种集体记忆综合起来，形成一种社会记忆的非常重要、非常必要的举动。 接下去的问题是，如果我们把文化记忆的建构作为我们的目标，就像我们前面说的，文化记忆需要一百年以上的时间，那么关于二战记忆文化的建构还有三十年时间。 对此，我们还能做什么？ 这是我的基础出发点。

两个想法，一个是向上，一个是向下。 向上，我认为很重要的是要把二战记忆变成国际化的记忆塑造。 向下，我认为抗战记忆要跟我们一代又一代的年轻人的具体生活建立关系。

从历史的角度来看，国际化的记忆是很多二战记忆中的重要特征。

犹太大屠杀便是其中一例。

2015 年 5 月，正好是在二战结束七十周年的纪念月中，默克尔说了这么一段话：德国在二战中迫害屠杀犹太人的罪责不可否认与遗忘……德国永远不再重走战争道路。这段话说明德国拥有一种非常正常的历史思维。但这番言论在德国国内受到批评，因为人们发现达豪集中营的被害者并不局限于犹太人，而是包含着各种身份的囚犯，如政治犯、同性恋者、吉卜赛人等。然而，默克尔这么说，自然也有她的理由，因为在德国，对犹太人认罪已经成为所谓"政治正确"的必选动作。

那么，战争记忆跟日常生活到底有什么关系呢？仍然以德国为例。洪堡大学的正门，走出来下面就是十几个小牌子，上面写着某某年某月某日，某某人因为是犹太人被纳粹逮捕，然后带到了哪个集中营，某某年某月某日他被害。那你就可以想象，一个普通的大学生，当他走到了这样一个地方，偶尔去瞥一眼，他的内心会受到多大的冲击。我们可以在德国的街头看到一块牌子，上面会写着这幢房子原来的主人是谁，因为他是犹太人，在二战期间怎么怎么，或者他还幸存，就会说某某年他又回来了。这样的例子非常多。这些街区给老百姓一种非常深刻的历史教育。

当然，自己的悲痛记忆也需要找到一些方式纪念。为了纪念德累斯顿大轰炸，右翼政党也动足了脑筋。一些纪念活动正在如火如荼地进行，一些右翼就希望收集到老百姓手中与轰炸有关的物品。他们的动机自然是需要批评的，但这些做法却值得我们学习。我相信中国老百姓手中也有这些日常生活化的记忆留存，需要我们去发现和收集。

所以我想，如果中国的抗战记忆走向二战记忆，可能很重要的是做一些学术性的努力，举办一些对话论坛，进行原始资料的汇编、编译、外译等等。更为重要的是寻找一些具有标志性的符号。比如奥斯维辛集中营屠杀这样一件事情，存在着标志性的图片，关于德国人的认罪态度，也有标志性的图片。那么，中国抗战有标志性的图片吗？我们能想到什么？ 我们到底能不能找到一个具有二战意义的符号呢？ 这是下一步我们的努力方向。

最近几年，我们开始大量发掘远征军在缅甸的贡献，包括飞虎队跟我们之间的交往。 但是这些内容没有产生令人印象深刻的文化符号，也没有得到适当的传播，这是非常遗憾的事情。

中国抗战的国家叙事如何重归日常生活化，同样很重要。 抗战记忆需要一个国家整合的过程，但国家整合的过程跟我们普通人到底有什么关系？ 对此，我想有三种方式值得一试：

第一，主动做一点抗战老兵的口述历史。 抗战老兵现在越来越少，需要抢救式的发现。 如果我们突然发现身边朋友的爷爷居然是抗战老兵，自然会觉得抗战离我们非常近。 这样的事情会产生放大效应。 日常生活化的记忆让我们能够在心中产生波澜，这是非常重要的影响。

第二，精心营造社区记忆。 怎么进行不同时期的城市对比？ 日本人在这一方面做得非常好。 他们的旅游书会把江户时代的社区与东京现状叠加在一起，从而让读者自然产生历史变迁的感觉。 我们是否也能够做出类似的产品？

最后，城市记忆如何通过更为有效的方式来加以呈现？ APP 这种东西非常流行，德国柏林便在做一种有关二战记忆的 APP 推广项目。简言之，他们把柏林在二战期间迫害犹太人的地方找出来，然后跟旅游局合作，推广一些旅游项目。 这样的举动看上去是困难的，其实一点不难。 只有做了，我们才能发现身边的这样一种记忆，慢慢地成为共同记忆，并得到分享。 如此，我们才能在国际上发出声音，能够让人家觉得我们曾经做出过一些贡献。

问 & 答：

问：如今整个欧洲正陷入难民潮的困境中，也有一种说法是，这样的难民潮就好比"特洛伊木马",会给欧洲各国带来不可测的危险。您是如何看待这一问题的?

孟钟捷：首先我想讲,德国不是简单的难民问题,而是一个政治正确的问题,因为他们的屠犹历史记忆继续存在。这是和今天的话题有关的。由于他们曾经屠犹、排外,所以如果今天要排难民,便成为大的政治问题。尽管大家不赞成默克尔的做法,但是谁如果公开出来说难民是不好的,那就有问题。所以要理解默克尔面临的难题,大概历史上的排外就是很重要的背景。

对于默克尔来讲,她会受到很大压力,因为大量的难民进来,一下子改变了整个德国的政治生态和族群生态。所谓的政治生态是指在德国的政治氛围当中很重要的是政治正确,你如果在政治上犯错,你说没有屠犹这件事情,肯定要被抓的。如果你对少数民族不好,肯定会失去很多选票,所以政治正确是很重要的问题。可是偏偏在这个问题上,大家有苦说不出,大家都觉得追求政治正确的政权存在一些问题,因为它没有办法解决目前的困难,但是谁都不敢去违背政治正确的原则。

德国国会曾经专门通过一条法令,只要是德国公民,就必须学德语。现在问题大了,如果大量难民进来,数量一旦超过 30%,甚至将来突破50%,以后该怎么办,仍然存在争议。但是我对默克尔还是抱有信心的,因为在整个政治氛围中,批评默克尔很容易,但谁都没有能力去坐默克尔的位置。默克尔现在的位置是两个维度,第一,她作为德国总理要解决德国问题,第二,她作为欧盟领袖——即便她不是法定意义上的领袖,可是从经济、政治角度来讲,整个欧盟其实是唯默克尔马首是瞻——在这样的情况下,恐怕默克尔也要更多考虑欧盟的基本情况,也就是说,欧盟在这样的难民问题上处理不好,未来的问题就更难处理。默克尔一方面说欢迎难民,另一方面又要求德国以外的国家首先解决自己面前的难民问题,解决不了我再来解决,如果你故意解决不了,就会在很多方面受到欧盟的惩罚。从这个角度讲,默克尔的执政技巧还是非常高超的。

　　但我们也不要把难民问题想得很简单。为什么复杂？因为今天的难民不是几十年前的难民。今天大量进入德国的难民不是非常穷，有些是很有身份的难民。他们之所以闹事，也是认为德国对于这些难民的处理简单等同于其他难民。这些难民，第一，手上是有钱的，第二，是有工作能力的，所以他们希望得到跟其他德国公民相同的待遇。这就是下一轮的争议话题，现在已经出现在《明镜周刊》和《法兰克福汇报》上。

　　问：我有一个疑问，我们的抗战记忆那么多年来还是停留在几十年不变的状态，不像其他国家，会不停地找新的史料、新的角度。我们有没有什么机会可以跟上世界的主流？

　　孟钟捷：二战的记忆是很重要的正、反、和的过程。正面的记忆需要有一些争吵，反面的是把争议性的话题综合起来，形成一个国家性、主导性的记忆，最后和的过程，就是化整为零的过程。从这个角度来讲，我们可以做的事情非常多。趁现在还有很多亲身经历的人在世，要做一些功课。有一些非政府机构，正在推动记录远征军士兵的回忆。不管记忆是怎么样的，保存下来是第一步。第二步，有一些记忆是固状的记忆，比如说现在上海体育学院的主楼，多少人知道它曾经扮演过什么角色？它曾经是日本海军司令部。这幢主楼在不同时代扮演着不同的重要角色，但是没有人介绍，大家觉得这好像是很麻烦的事情，这就是一个大问题。我们要学会应对我们英雄故事背后的悲痛故事和反面的故事。比如说汉奸，就像我前面提到的维希政府，汉奸、法奸当然不是让人开心的存在，但是这部分人也是存在的，所以对历史鲜活的很多方面一定要慢慢进行保存。我想这会是一个漫长的过程。

　　重要的中国抗战记忆城市有哪些？上海是一座，长沙是一座，武汉是一座，长春是一座，北京是一座，南京当然不用说了。这些城市是不是能够编一套非常重要的书籍，能够呈现不同时代的记忆演变？

　　我今天早上刚刚转了一个很重要的帖子，说甲午战争的时候，日本人怎样买通了欧美的媒体,把这场战争打扮成文明与野蛮的战争,引导世界的舆论都站在日本这边,不站在清政府这边。这是很有意思的一个话题。我们在二战期间,欧美媒体其实也有报道,这些报道呆存下来,通过历史梳理,你会慢慢发现后面一层一层的故事。

问:现在的德国和欧美各国,在二战的时候是敌人,但是现在有一个共同的记忆基础,所以彼此间没有仇恨。但是对比到东方的战场,日本对于中国和东南亚各国,情况恰恰相反。区别可能不仅仅是一个勇于道歉,一个不道歉,这样说太过片面。我们的问题就是,我们达成共同记忆的基础在哪里?为什么会产生截然不同的情况?

孟钟捷:这也是我们历史学界的老生常谈,是经常要反思的问题。曾经有一个非常流行的答案,说德国是西方文化,西方文化里是有一种道歉的传统,因为大家都是罪人,大家在上帝面前都是罪人,所以认罪也没有什么关系。东方文化叫耻感文化,东方人总是觉得道歉是很羞耻的事情,所以耻于道歉。这大概是二三十年之前大家很愿意谈的话题,特别是在《菊与刀》这本书里。

现在的话题转变了。为什么欧洲能够找到一个对话的基础,但在东亚,对话的基础始终不存在?其实跟历史演进的背景很有关系。历史的演进背景是,不同地区的民族国家的建构时间是不一样的。欧洲在二战结束之前,民族国家的建构基本上完成了,所以不需要用战争的方式来证明自己的英雄行径对未来民族发展有多么重要的作用。但以色列的例子却表明,这个刚刚建国的新国家需要用民族神话来完成立国任务,所以英雄叙事就很重要。亚洲的问题很类似。

我们这样的区域建立在民族共同体慢慢形成的过程中,还处在寻找共性的过程中,缺乏大家共同感兴趣的话题,所以很容易形成冲突。这是一个民族国家形成时间的早晚问题,它造成了双方的步伐并不十分一致。

第二,历史问题从来都不是纯粹的历史问题,所以我前面讲历史问题的背后,既有国内的政治建构需求,同时还有国际环境的需要。在国际环境的发展过程当中,你会发现德国必须跟法国和解,否则就无法在北约框架下进行合作。双方都要后退一步,后退的结果是大家都把自己融入欧洲一体化的过程当中。

反之,东亚地区发生什么事情,我们都知道,首先是热战,然后冷战持续进行。在这样的过程中,日本对于美国而言,变成了不仅不需要被打击,反而需要进行援助的对象。在这样的一个现实的国际政策背景中,它道不道歉就变得无所谓了。这也可以解释,为什么日本在有些问题上,可以得到美国的支持,或者美国的默许。尽管奥巴马在广岛没有真正道歉,但是韩国已经很担心了,中国也担心,奥巴马这样的举动实际上给了日本错误的提示。但美国之所以这么做,完全是它的一个所谓亚太战略平衡的结果。在历史问题上,两个区域表现出不一样的状况,背后有国际政治运行的背景。

上海和巴黎之间隔着几个纽约

▼

艾曼纽·西尔维斯特（Emmanuelle Silvestre）
| 法国时尚、奢侈品课程讲师 |

今天我们的话题将围绕如何成为一个"时尚之都"来讨论，而"时尚"这个话题涉及很多方面。 来自纽约的人一定会听说过四大时尚之都： 法国的巴黎，历史上的时尚之都；意大利的米兰；纽约；伦敦。 在讨论这个话题时，我们要注意哪些国际城市（包括上海）也想成为时尚之都，如何让它成为一个时尚之都，以及时尚之都所需要的条件是什么。

今天所要讨论的时尚话题就从法国这个城市开始。 有些人一想到时尚就想到巴黎，为什么呢？ 因为历史上巴黎就是一个时尚之都，它是时尚的来源。 当谈到"时尚"这个话题的时候，也通常会有一个词跳进脑海，那就是"时装发布会"。

时装发布会是怎么来的？

在 19 世纪末，时装演出是不存在的，巴黎是第一个将时装演出合法化的城市。 在巴黎首先创造时装发布会雏形的人，是 Charles F. Worth。

那个时候，时装设计通常仅限于客户来到百货商店要求设计师设计他们心目中的服装，而不是设计师主动提出一个设计方案。 客户来到一位设计师的店里，设计师为客户提供几个方案这样的营销模式，不再是由客户单方面提出要求，而是由设计师给客户提供多个选择，让客户从中挑选一个。 通常一个模特穿着设计师设计的服装，在客户面前来回走动，让客户去观察，这才演变成我们现在所看到的 T 台上的演出。然而从商店到 T 台，其实也是一个改变。

时尚业在巴黎现状的总结

"于是他们来到我的商店里面，问我要一些创意，而不是追随他们自己心中所想要的，他们把自己的自信交给我，让我为他们做决定，这样会让他们更开心，我就在他们的这些时装上面签名，我的业务不仅仅是去执行，我的业务在于创作，我的创作就是我成功的秘诀。"

十九世纪末的时候，创新、创造、客户、产业与成功就已经成为了时尚的几个代名词，直到今天它们仍是。 在巴黎，设计师拥有一套自己独创的系列时装已经成为一种趋势。 如今的巴黎经过这么长的时间发展，尤其是从二十世纪初开始，已经成为世界上独一无二的时尚之都，世界上任何一个城市都无法复制和比拟，所以巴黎一直受到热议。

高级定制与成衣是主要营销方式

以前的时装销售通常会有两种方式： 一是客户从时装屋当中挑选一件衣服的样品，接着时装屋会为你单独量体裁衣，并保证它的独一无二性；另一种方式是工厂里的流水线生产一系列的成衣。 高级定制与成

衣是主要的两种营销方式。 现在世界上每一个设计师都会举办自己的
T 台秀，同样无论采用哪一种方式，时装发布会都是必不可缺的，因为
时装发布会的传统已经延续并发展了一个世纪。

什么是时装周？

如今几乎每一个设计师都会举行专属于自己的时装周。 之前的时
装发布会都是分散在各地的，没有人把它们完全组织起来。 直到十九
世纪二十年代，巴黎已经把时装周组织并规划得很好了。 在巴黎只有
一个协会组织策划时装周这件事情，那就是法国时装协会。 1920 年
起，法国时装协会就已经开始组织时装周，如今它已经发展得十分完
善，时装周的方方面面都归这个组织负责。 法国的时装协会作为一个
桥梁，同时也把客户、媒体、物流等各方面联结在了一起。

举办一个时装周，需要具备三个因素：媒体、设计师与买家。

如果只有买家没有媒体，或者只有媒体没有买家的话，都并不会让
时装周发展得更好。 当然如果时装行业没有程序合法化的话，也是很
难进行的。 在巴黎与时装产业相关的从业人员就有九万五千多，这也
反映了巴黎时装产业的成熟度。

巴黎的时装产业不仅仅在法国本土发展，而是在国际上发展。 世
界上所有的人都会看到在巴黎时装周的演出，一大批来自巴西、墨西哥
等国的买家来到这里。 在巴黎，你可能会误以为一些设计师是法国本
土的设计师，但其实他们是来自世界各地的、被吸引到巴黎时装周来的
设计师。 这个协会作为一个桥梁，也奠定了巴黎时装周在国际舞台上
不可动摇的地位。

现在我们已经有了媒体、买家，客户，但我们还需要更多。 时尚产
业还是一种文化遗产，设计师激情的载体，也是一种特殊的记忆。 想
要不停地可持续发展，一个重要的支柱就是教育。 通过时装学校来把

优秀的传统传承给下一代年轻的设计师。 有一些国家，它们虽然有自己很优秀的文明与文化，可是却没有人把它们传承给年轻的下一代，于是这些东西就会慢慢失传，所以教育是至关重要的。

1927 年法国的"C 米 K 特"协会成立了，那个时候开设了很多学校，有两所主要的学校，一个是 Studio Bergot，一个是 Esmod，这两所学校现在已经慢慢地合二为一了。 时尚行业作为一个商业领域，同样可以把小型的时装商业发展成一个有利可图的大产业链。

米兰时装周

大家知道米兰也是一个时尚之都，其实它完全是由一个人来发展的，这也是一个偶然。 他的社交网络较广，认识所有的美国大型商场的买家，他就是 Giorgini。 Giorgini1951 年的时候邀请了很多美国的买家，举办了一个非常盛大的舞会。 他告诉受邀的意大利客人："如果你要来的话，你必须穿意大利设计师设计的服装。"而正是因为这样一个古怪的要求，海外买家看了之后都在问这个衣服是谁创作的，这个衣服是谁制造的，这也阴差阳错地成了意大利近代史上第一次时装秀。

Giorgini 真正成立这个时装周的时候是 1958 年。 米兰成为了意大利的主秀场，但是主要的商业活动却聚集在罗马。 这样一个分隔两地的状况并没有持续很长一段时间。 米兰在全盛时期曾有过很多时装屋，但现在这些时装屋大部分都已经不存在了。 导致米兰时装产业逐渐衰落的主要原因就是米兰并没有推陈出新，保持住新鲜度。 现在大家能举出米兰的一些年轻设计师的名字吗？ 我自己也不知道。 在米兰有非常美丽的古老建筑，也有一些非常优美的风景，但问题就是没有一些优秀的年轻设计师与设计的出现。

巴黎 VS 米兰

如果我们将巴黎和米兰进行比较，可以发现巴黎所具有的历史背景是米兰无法比拟的，巴黎现在所做的是把高级定制变成它的文化名片，并且传承有序。 然而米兰却并没有做到这一点。

一些独一无二的高级定制以及高级定制的时装发布是在巴黎进行的。 如果大家想看一些独一无二的、独特的时装演出，就会去巴黎，但是如果想看常规一些的成衣展，就会去米兰。 巴黎在将自己独特的时装设计输出到米兰的同时，米兰也在向巴黎学习。

英国作为时尚之都复苏的信号

我们现在谈论一下伦敦，因为没有什么好说的，所以会说得很快。现在英国也发生了一些非常疯狂的事情（脱欧公投），但是我并不想谈论这个。 我会用一句话来说，这是一个"缺席"的时刻。 在英国也有很多的时装周，其媒体覆盖率非常高，并且有非常多的学校。 在英国伦敦，他们专注于培养年轻设计师，大家可能听说过圣马丁学院（Central St. Martin）。 但是伦敦却没有吸引到买家，所以他们只是在尽情地展示自己，却没有人来买。

很多年轻的设计师会选择在伦敦起家做自己的时装业务，可是经过一两年之后，他们的业务就转到了海外。 这是因为如果在伦敦的学校就读，政府以及学校会在学生毕业之后提供一些资金和帮助，扶持青年设计师的时装生意。 可是这些学生最终毕竟还是要靠自己，如果经营不好的话，一旦没有了这些资金来源，他们的生意也会缩水。

Dior、Gucci 这些大牌近些年选择在英国进行新一季的时装发布，或在牛津布莱汉姆宫，或在威斯敏斯特大教堂，这也许是英国作为时尚之都复苏的信号。 所以一些学生会在伦敦时装周发布他们的设计，然后去巴黎招揽客户买家。

纽约正在成为第二个巴黎

纽约在美国国内市场上做得风风火火，但是时装产业对于国际市场的影响率却相形见绌。 美国有很多大型的零售商，橱窗也布置得十分漂亮。 这些年，纽约也在非常努力地和媒体进行互动。

1929 年，美国发生了一场危机，很多人都失业了，很多妇女也需要去工作。 美国总统罗斯福的夫人创建了服装厂，她告诉国内的妇女说我们需要工作，因为那个时候有经济危机，没有钱去法国买时尚服装，所以我们就自己生产，来挽救自己的经济。 所以那个时期不是一个奢侈品的时期，而是一个生存的时期，服装工厂帮助很多人解决了他们的就业问题。

美国的媒体和美国的时尚业联系非常紧密。 大家看到一些电影，比如《穿普拉达的女魔头》，是关于美国时尚产业现状的演绎。 这并不是在开玩笑，因为历史上 Vougue 杂志曾经挽救了美国的时装产业。 美国需要国际上的支持，使自己的时尚行业国际化，所以后来就有五个美国设计师参加法国巴黎的时装周，因为巴黎是世界公认的时尚之都，很多买家看了时装表演之后，就会与他们达成合作协议或下订单。

过去的纽约基本上是没有国际市场的，可是现在的纽约越来越受到国际买家、媒体和一些学校的关注，所以它正在慢慢地成为第二个巴黎。

时装周的时候，由于演出的安排比较紧凑，参展人可能需要在短时间内跑很多的秀场，以前在纽约，所有的演出都分散在不同的地方，参加演出的人需要争先恐后地打车，不然，万一错过了哪一场演出，他们可能会失去自己潜在的合约。 现在为了改变这一状况，场地聚集到了一起。 现在的纽约国际时装周在世界上占有一席之地，大家也可以看到一些世界上非常著名的设计师。

现在有很多城市想努力成为第二个巴黎或者第二个纽约，像莫斯科、圣保罗、新德里、北京、上海等等。 在这些越来越想进入时尚行业的城市当中，我们不可以说谁好、谁坏，大家都在努力成为这些时尚之都的一员。 从生产到创作，其实是一个相当艰难的过程。 这些想进军时装产业的城市现在还没有国际影响力，所以要努力地和媒体进行互动。 必需的元素，包括买家、媒体，还有设计师，假如缺少其中一环的话，这条道路就会非常难走，可能会走到两三年的时候，像泡沫一样破灭了。

在根基上发展时尚

我认为中国要专注于历史、传统以及文化，还有传统技艺等等。中国想要在时尚业方面走到世界的舞台上，就要研究一下自己的历史，从自己长久以来的历史跳到现在的舞台上，不需要去创造一些新的东西，也许以前祖辈留下的就是很好的遗产和创新的源泉。

当然我不是说大家要生产一些传统的时装，这不是我要说的，我要说的是，既然中国已经有了这么多年的历史，大家可以把自己的历史作为自己的根基，在此基础上进行发展。

现在的时尚行业，大家都有自己的根基、文化，还有自己的文化遗产。 现在很多年轻的设计师在大商场里看到一些奢侈品牌，就想尽力去模仿和复制。 但是我想告诉大家的是，这是一个极大的错误。 你要去看一看自己的文化遗产、自己的根，然后创造出一种属于自己的独特的东西。 假如大家对某一个时尚产业的文化和背景不了解的话，只是复制和模仿表面，其实是很难成功的。

一些些想象力
—— 一个台湾文创品牌的诞生

▼

许铭仁

| "微热山丘"创办人 |

我本身其实不懂文创，也不懂品牌。 我之前在电子 IT 行业待了快三十年。 今天会踏入"微热山丘"这个品牌，完全是个美丽的意外。 我能够从电子业跨足食品产业"微热山丘"，很多人问我为什么。 这也是我今天跟各位分享的一个主题，我们对未来的规划，与我们自己的想象力有非常非常重要的关系。

我今天跟各位分享的主题就是"一些些想象力"。

转送各位一句话，是一位欧洲的哲学家讲的。 他说：人，生而自由，但是处处受到束缚。

从我们的父母亲人，到上学时的老师，一直到工作后的主管老板，都会告诉我们应该怎么样，不应该怎么样。 社会上有太多潜规则，有世俗的一些规范。 潜移默化中我们就会被这些东西束缚，觉得人生应该这样。 但是我相信，这些里面太多的东西，特别是父母亲讲出来的东西，都是似是而非的。 我们怎么在这么多的束缚里面找到自己？ 最重要的就是能够独立思考。 我们受的教育，其实都是在训练我们思考的能力。 当你有思考能力时，才可以应对未来的状况。 我们所学的东西都不能够复制到未来任何一个情形。 把所有学到的东西丢掉，因为我们永远要面对新的事情，需要独立思考的能力。 今天就把这句话送给大家。

爱因斯坦讲过一句话，对我影响最大： 想象力比知识更重要。

因为知识是过去的，有限的，想象力是可以开创未来的，是无拘无束的，是充满着能量的。

我们过去学习了很多知识，但我们很难用知识开创新的东西，所有新的东西都是从想象力而来的。 当我们做决策或是面对未来进行规划的时候，知识是没有办法带给我们什么东西的，只有想象力。 连爱因斯坦这样的大科学家都觉得想象力才能够创造未来。

在我创业的前一年，刚好我看了一本书，一个企业家叫许文龙，写了一本书叫《简单》。 他的公司是多么简单的一个公司。 里面有一句话，是从《易经》里面摘录出来的，后来这句话变成工作方面非常重要的座右铭，因为我们每个人不管是在家庭生活中还是在工作中都会面临很多挑战。 化繁为简，尤其在工作上，可能是我们在工作上最重要的价值。 "易则易知，简则易从"，简单的东西容易知道，听得懂，容易跟随。 "易知则有亲"，因为大家都知道的东西很容易有凝聚力，很容易有共识，大家都做同样的事情，很容易就有很大的力量，所以事情可以做得很久，团体也可以在一起做得很久，因为大家在做同样的事情，这个事情就容易变得很大。 所以一个有能力的人，有德行的人，应该把事情做大做久。

这个观念不只是在东方，西方也是一样。 西方人有一个观点，要把事情做到最简单。 大家知道其实像苹果公司也是奉行这个观念。 所以它的一款手机就可以让一个产业产生这么大的变化。 我想诺基亚在最鼎盛时期，大概有一百多款手机同时在市面上，结果苹果出了手机，只有一款，只是不同的大小而已。 他们可以把事情做得这么简单，但也可以把事情做到极致，非常深入。 这也对我造成了很大的影响。 其实"微热山丘"七年只卖一样东西，只有一个口味，也是这样的一个观念： 把事情做得简单，简单才能做大做久。 这也是我在工作上的一个座右铭，跟各位分享。 但是这些都不是我想出来的，这些都是我们老祖宗的智慧，我们只不过把老祖宗的智慧参透了，用到做事上。

刚刚提到我在电子业待了三十年，我在宏基公司待了二十几年，之后到新加坡公司待了两年，就直接创业。 我以为我会在宏基工作一辈子，因为那是一个很棒的公司，有很棒的老板，但是后来我还是决定创业。 创业动机其实只有一个，因为我觉得我虽然在电子业，可是我本身不是电子科系毕业，我根本无法跟其他人竞争，可是我竟然进入了电子业，我还是希望在里面能够生存。 所以我想，我到底该怎样在这个行业里面存活、生存、发展？ 后来我想到一个方法，虽然我没有好的专业和别人竞争，但我如果当了老板，就不需要跟企业这些人竞争了。我可以找到最好的人才跟我一起工作，创业当老板，只有这样我才觉得我不需要有好专业，专业不是我跟别人竞争的一个障碍。 所以我就创业了。 根本没有好好规划，我只是觉得这是一个方向，我一定要自己当老板。 搞了五年，第五年才赚钱。 我赚钱的第一个月，就跟所有的投资人说，我们现在开始赚钱了，看来后面有比较好的日子可以过，我们何去何从？ 那个时候就提到，那我们准备 IPO 吧，准备上市。 我觉得一个团体需要的是一个明确的方向跟一个共同的希望，这样就够了，你就可以把一个团体凝聚在一起。 那个时候我们就决定，准备 IPO，结果后面几年，我们就朝着这个方向走，也就真的 IPO 了。 可是 IPO 之后发现这是苦难的开始，因为你要让所有人接受你的财报，也要勾勒未来这个公司能够做什么。 可是要想出一个公司长期的发展，这是多么困难的一件事情。 所以 IPO 以后我痛苦了一年，觉得这个公司没有什么希望了，那个时候营收额很小，台币才 28 亿，5 亿人民币左右，觉得这个行业根本没有希望，因为电子业是全球性的竞争，这么小的营业额在电子业里面连竞争的资格都没有。 我痛苦了一年，到处拜访很多前辈、很多业界的朋友，我想了解到底我的公司有什么希望，我们能够去哪里。 问过以后才知道，在这个产业里经济规模是重要的，因为那是生存的基本门票，所以我想我一定要拿到这个门票。 我就给自己设定了一个目标，要用最快的速度达到十亿美金。 从台币二十几亿到三百亿，我也不知道该怎么做，但是那是我的目标，我就想象我怎样达到那个目标。 那个时候我就想通了，我觉得有一个策略叫做疯狂扩张，它只有两个方向，一个是内部怎么成长，就是开始找新的生意，找好的人才。 另外一个就是怎样外部成长，就是购并。 很多人问我说，你知道怎么购并吗？ 我说我从来不知道怎么购并，因为从来没有做过。 可是我觉得这不是重点，重点是我知道我要什么样的生意，要什么样的公司。 至于怎么购并，外部有太多的财务顾问可以帮你。 所以在这个过程当中我就开始做几件事，我从什么都不懂，到后来五年大大小小买了八家公司，变成二百八十亿，将近十亿美金。 我们就达到了经济规模。

达到经济规模之后，看起来容易生存了，可是我很早就知道电子业不是我喜欢的产业，所以我又思考下一步干什么，未来我要干吗，所以又开始想象。 我想我最终要离开电子业，于是第一步，先把公司变成专业经理人制，我就找来以前宏碁的大老板来当公司的 CEO，当我把公司交给他以后，我就变得自由了。 没多久又把这个公司卖给大连大，大连大是台湾最大的电子通用商。 我有了更多的时间思考我下一步到底要干吗。

我开始规划工作上的第二春。 我不喜欢电子产业，所以下一步我应该找一个我喜欢的产业。 我希望随心所欲，因为在电子业太辛苦了，我没有主导权，因为那是全世界的竞争，规格不是我能够定的，需要太多的资金在里面周转。

第二个，我当然希望有趣快乐。

如果一个人可以把工作变得有趣快乐，那就永远不会累，不会厌烦。有趣快乐是我希望达到的目标，因为这可大可小。做事情不一定要宏大，但是要精彩。所以可大可小变成我的一个希望，当我有能力、有热情的时候我就冲。但当我累了，身体累了或者心里累了，我就可以休息一下，但是事业还是可以继续。这个时候我就想，我怎么能够开创一个事业，价值能够重组，因为在电子业里我没有什么主导能力，除了一些生意上的手腕以外，其实很难说创造出什么样的价值。所以我希望能够做一点事情，在新的事业中创造价值。这是我在寻找第二春时自己的一些期待。

后来一年的时间，我弄了一个品牌叫做"微热山丘"。我做这件事也不是我想出来的，是因为我弟弟是一个种茶叶的农夫，他老是跟我抱怨说农夫做不下去了，想转型做点小生意。本来想买民宿，但是觉得太辛苦了，赚不了钱，花的投资太大了。后来他又跟我讲，我们能不能来通过网络宅配来卖糕点，我觉得这个主意太棒了，因为网络宅配是未来的趋势，我又懂。糕点我不懂，但是我觉得我们只要找到对的师傅，就可以变专业，就容易开创，我也许就可以帮助我弟弟做点小生意。后来他又跟我讲，应该有一个品牌，让人家记得我们，我觉得这个想法也很正确。我从台北找了一个品牌顾问帮我们规划一个品牌，经过几天，他待在山上从零开始，找到了所有人，几个月以后，就做出"微热山丘"这个品牌。品牌做好了，我们到底该卖什么东西？那个时候根本没有凤梨酥这回事情，最后也是品牌顾问建议说，为什么不用漫山遍野的凤梨来做凤梨酥？我们就真的开始做凤梨酥。很多人要我介绍"微热山丘"？"微热山丘"一句话就讲完了。

初衷

建成一个公司我想大概也是这么简单。 创造一个新的公司，创造一个事业，需要告诉人家基本的初衷到底是什么，起始念头到底是什么。 如果想得出来，这个事情就会变成一个很重要的依据，在未来你都不会偏离这个初心。 当初我只是想帮弟弟做一点小生意，解决八卦山上面凤梨生产过剩的问题。 所以我们希望"微热山丘"变成一个农机业，我自己是农家子弟出身，我希望能够把农机业的理想变成我们做这个事业的初衷。

竞争核心

初衷想清楚了，那么我们的竞争核心是什么？ 每个人如果想得出来你的竞争核心是什么，在这个领域里面就能够生存下来。 台湾每一个西点面包店都在卖凤梨酥。 "微热山丘"那么晚才出来卖凤梨酥，我们依赖的竞争能力到底是什么？ 因为有这个顾问公司的引导，我们知道原来做品牌是很重要的，特别是他把很多欧美公司经营品牌的方法论、观念告诉我们，我才知道原来这些先进国家是这么赚钱的，他们不只是卖产品，不只是卖价格，他们卖的是一些无形的东西。 那个时候我才第一次有品牌的观念。 后来我们就把品牌的价值变成我们最重要的竞争核心。 因为在东亚，除了日本以外，没有那么多人懂得品牌的经营。 如果我能够做品牌，我就比较容易脱颖而出。

商业模式

我们的生意模式到底是什么？ 其实我们生意模式就两个，一个是网络宅配，一个是体验直销。 我们不打广告，不走别人的渠道，不跟旅行社配合，不搞连锁店，那么我们还能够做什么？ 我们花了很多时间去了解，到底我们在南投山那个地方卖凤梨酥会有人来买吗。 好不容易才来了几个客人，我们就请他们喝茶，请他们吃凤梨酥，后来发觉他回去以后会跟很多人讲，你到什么地方买凤梨酥，有一个特别的奉茶招待的待客之道。 很快就有一堆人来山上买凤梨酥，享受奉茶的精神。后来发现所有人都喜欢这个模式，任何地方都一样。 每个人的心里都期待被善待，每个人都是这样的。 所以我们就用奉茶的精神，弄一个漂亮的环境，请他坐下，喝一杯茶，吃一块凤梨酥，再决定要不要买。一个人被善待以后，心里高兴，他的味蕾就会特别敏感，会觉得东西特别好吃，而且他心里愉快，买的东西特别多，这就是我们创造体验直销的模式。

价值极大化

做生意，最后就是看你站的高度有多高，怎样把这个生意极大化、国际化。 "微热山丘"第三年就跑到新家坡开了店，后来陆陆续续在上海、香港、东京几个大都市都开了店。 我们希望让这个公司、这个品牌国际化。 这就是为什么公司的品牌刚刚设计好，我就去全世界注册，别人都说生意还没有开始，为什么要全世界注册，因为我们想变成国际品牌。

怎样通过你的想象力，让很多事情的价值极大化？ 比如说，怎么通过品牌让凤梨酥的价值极大化？ 一定有其他方法可以把凤梨酥卖得跟别人不一样。 怎样让凤梨的价值极大化？ 我拿到凤梨，做了很多凤梨酥，生产很多凤梨汁。 凤梨的茎基本上可以做凤梨酵素，凤梨酵素是一个很特殊的东西，现在跟我合作的公司就做凤梨酵素。 他跟以色列和德国的药厂合作，拿凤梨当成烧烫伤的药。 人体三级烧烫伤，皮都坏死了，一定要用手术刀把坏死的割掉，割掉坏死的肉是多么痛的一件事。可是凤梨酵素可以敷在那个烧烫伤部位，只要四个小时，就可以把所有坏死的组织分解掉，马上可以清洗消毒植皮，美国 FAD 已经快通过了。所以让凤梨的价值极大化，其实很重要。

心境

刚才提到，"微热山丘"过去其实是把产品做得很简单，因为简单，就变得不太一样，也比较容易做大。另外我们希望打造共生的生态，我不只是希望"微热山丘"好，其他人不好，因为你好别人不好，这个生意一定会被诅咒，不会长久。所以我希望达到共赢，能够让农民、员工、供应商、客人、消费者有一个共生的生态。

差异化

品牌顾问公司把整套品牌的"圣经"交给我们以后，就说后面的事情要我们自己努力了。顾问说他有一个妙计，如果我们做得到，这个品牌就容易成功。只有一句话，就是彻头彻尾的差异化，就是什么东西都跟人家不一样。

有人讲过，任何好的策略绝对不是鹤立鸡群的策略，鹤立鸡群是大家做同一样事情，只是我做得比别人好，我冒出头来了，可是每一个人都想取代我，所以好的策略一定是远离鸡群，走自己的路。但是远离鸡群有一个风险，第一，你会孤单，因为没有同样的人跟你做同一件事情，你不知道做的事情是对还是错，只有时间能够证明。第二，你没有比较的标准，所以你不知道自己做得好还是不好，也只有时间能够证明。但是差异化有一个好处，就是容易被人看到，你做得很好，别人容易看到。所以差异化是我们做品牌时一个很重要的战略。我们的原料一定跟人家不一样，挑选最好的，不该加的东西都不加，形状也跟人家不一样，包装材质也跟人家不一样，礼盒、行销也跟别人不一样，刚刚提过，别人做的我们都不做，也因为这样，我们才会走出跟别人不一样的路，这就是差异化。

未来会怎么走？"微热山丘"已经七年，只做了一件事，聚焦把一个产品做好。把凤梨酥做好根本不容易。我们跟农民签约种凤梨，怎么储存，怎么确保品质，其实很困难。过去七年我们聚焦于一个产品，终于把这个产品做到差不多极致了，才有其他的想法。我刚刚讲我根本不懂这个品牌，因为我在 IT 产业只做 B2B，所以怎样经营一个品牌，品牌的概念是什么，我都还在学习摸索。

另外，营造一个生态也不简单，比如怎么跟供应商、跟农民合作。我们就是希望能够打造一种生态，让我们有一个非常好的供应平台，让我们的品牌可以稳定。"微热山丘"过去只做了这三件事。

其实那些事情基本上是靠很多计划和想象而来的。今天既然谈到想象力，我也跟各位分享未来要做什么。这些事情都还在想象过程中，会不会成功，我也不知道。但是一件事想多了，把该考虑的层面都想完了，事情大概就做了一半了。

"微热山丘"的下一步，我认为不过四件事情。一个是丰富产品。因为品牌已经到了一个阶段，光推一个产品已经做到极致了。我们 8 月 1 号推出了一个新的产品——蜂蜜塔蛋糕。为什么这么久才开发一个新的产品？刚刚讲到农机业的理想，我希望这个产品可以跟台湾的农业结合起来。所以我们做了蛋糕，就是一般的蜂蜜蛋糕，用台湾的蜂蜜农田蜜，因为我叔叔家里是养蜂的，可以找到最棒的蜜，我又找了日本最好的面粉，用了最好的鸡蛋。另外一个重要的原料我一直没有办法突破，就是糖，因为全世界的糖都差不多，我觉得我应该找一种更棒的糖。后来想到以前的设计公司老板讲过，他在实验室用生物科技薄膜透析的方式可以从甘蔗汁里萃取出最好的糖。我问他这个东西可量产吗，他说可以。 后来我在台南一个山清水秀的地方种植甘蔗，通过生物科技的方式把糖给萃取出来，用这糖做蛋糕。 别人都无法想象，为什么我为了做一个蛋糕，自己种植甘蔗做糖，全世界到现在还没有人用这个技术做糖，我们是第一个。

丰富产品绝对是一个品牌很重要的载体。 最终是要端出好吃的东西，所以丰富产品很重要。 到底要做出什么样的产品？ 其实很困难。怎么做出不一样的糕点？ 这个就得靠想象力。 最困难的事情就是决定你要往什么方向去，做出什么样的产品，提供什么样的服务。 全世界的公司里面最聪明的人要做的第一件事情就是定义产品。 定义产品才是最重要的。 定义产品就是无中生有，去想象到底做什么产品，真正符合市场上的需求。 所以"微热山丘"下一步要做的事情，一个是丰富产品，第二是给这个品牌一个家。 "微热山丘"才七年，日本很多很棒的甜点品牌，据我了解都有一百年、两百年、四百年的历史。 我们还很年轻，根本没有什么历史，没有什么故事可以讲。 所以要让很多人知道这个品牌的诞生和发展。 给品牌一个家，其实是另外一个重要的产品。

第三，我希望能够深化这个品牌的价值。 有些生意做得很好，但品牌完全没有价值，有些是品牌做得非常深，但生意做不大，公司也活不了。 所以怎样让一个生意和一个品牌相辅相成，太重要了。 怎样让一个品牌价值深化？ 我需要借助外面的专业人才，才能够把这个事情做好，这是需要深思的，需要有想法、有思想，才能够让品牌价值深化，其实这是最难的。

另外是要找到国际化的路。 "微热山丘"在几个海外的城市基本都处于摸索的阶段，根本就不算成功。 当我们把上面这三件事做好，也许才可以真正走上国际化的路。

想象力会影响太多太多的事情，想象力是无限的。 如果你有经验，就会知道这个过程被执行、被实现的可行性有多大，如果考虑到现实的问题，你就会把该解决的解决掉。 大家也知道所谓的吸引力法则，当你的预设够高，你就能够吸引那个层次跟你相呼应的人和资源过来帮助你达成目标。 如果你没有那个想象力，就算所有相关的贵人、资源就在你旁边，你也不会发现，因为你没有想象力，没有想象力就不会有注意力，就不会发觉那些可能成功的机会在哪里。

给品牌一个安身立命的家，这个事情比较大，我过去五年一直在想这个事情。 因为在南投一个半山腰，我可以拿到一片土地，大概接近五公顷，半山腰风景也很漂亮，可是它又可以变成一个工业区。 怎么开发这片土地？ 如果只是盖工厂太浪费了，所以要把它变成一个公共园区，第一件事情就是造林种树，我相信有树的地方就很漂亮，我要种一大堆树，变成一个森林工业园区。 我们希望能够彰显这个品牌，不只是吸引观光客，我们才有希望建造一个百年的企业，最起码把这个基础打好。

我希望建筑空间要很小，不希望拿太多的土地盖房子，希望景观设计很自然，希望这个小区里面能够没有路灯，不要水沟，不要围墙。 这对所有建筑师来讲都是很奇怪的事。 就地取材，漫山遍野都是红土，红土加了沙石石灰夯实以后，基本上就可以变成很棒的路，而且便宜到不行。 我们希望打造一个很用心、很有想法但是不铺张的环境。

我拜访过很多建筑师。 我跟日本的隈研吾也谈过，他也希望跟我们合作做一个案子。 我跑到越南，找了一个建筑师叫武重义。 他从小在越南长大，后来到日本东京学建筑，又回到越南开了一个建筑师事务所，熬过一段时间，现在终于成名了，现在才 39 岁，他的设计所里面有110 个建筑师，20 个来自于日本，50 个来自于欧洲。 竟然吸引了那么多建筑师给他工作，这很不可思议，因为他有很多想法，他的建筑很有特色。

如果你能多一些想象力，很多事情就会变得不一样。 这是我今天要跟各位分享的重点。

看起来我年纪比各位都大，我真的觉得人生只不过是一场实验。年轻的时候不要怕，想做什么事情就去做，年纪大了才不会后悔。 我有没有什么失败的经历？ 我一直不知道"失败"这两个字的定义到底是什么。 什么是失败？ 我以前开过很多公司都赔钱了，我从来不认为那是失败，开公司不行我就卖了，算不算失败？ 人生大概一辈子，如果积极一点，大概有几百个战场，偶尔有几个没有成功，那根本不是重点，重点是你应该整理整理，把你的时间跟资源抽出来到另外一个战场。 我常常跟人家讲，要懂得认输，佀是绝对不要放弃，有的人是跌了一跤以后再也爬不起来了。 我第一次创业时，前面五年真的很难熬，因为我花了那么多钱，还没有赚钱，如果把公司收掉，那些债务一辈子也还不起，所以根本不敢让公司倒闭。 那个时候有一本书陪着我，那本书叫做《一夜一路》，它只是把过去很有成就、很有想法的人的一些观念写下来，那些人不一定有钱，但都很有成就。 封面上有一句话，我每次看到都热血沸腾： 即使失去了一切，仍然拥有未来。 我觉得很对，即使做生意失败了，欠了一屁股债，钱也是别人的，只要你有机会，你再还他就好了。 只要活着就有机会，只要人活着，不管怎么样，都有路可以走。 当初我就想着这句话，度过了创业前期很辛苦的几年。

多一点点想象力，才能够让你的生活和工作不太一样。 希望在这边做一些分享，没有浪费各位的时间。 最后有一句话送给各位： 一个人精神充盈，即可坐忘生死名利。

站在悬崖边
——G20峰会开幕演出创作谈

▼

黄　辉
| G20 峰会开幕演出多媒体视觉总设计 |

　　刚才腾书记一进来就问我："回来了？"我说："回来了。"就像监狱里放出来了。 进入 G20 项目组半年了，这半年的感受，就是站在悬崖边。

　　G20 的开幕演出，总导演是张艺谋，他每天把我们逼到悬崖边，所以我的感受就是站在悬崖边，站在那里还好，静静的就没关系，习惯了就好了，但是每天还刮风。 这个命题是想说什么呢？ 就是这次的开幕演出，无论是创意阶段，还是执行阶段，以及后期几十稿、上百稿改变的阶段，我们每天如履薄冰，如临深渊，而且时间那么长，人的心都是一根弦，时间长了会绷断，我们每天都是要疯了一样的。

　　我先说第一次跟张导合作，在北京开会的时候，我们有一段《天鹅湖》的全息多媒体表演，所以我要了解芭蕾舞，平时没有这么深入地接触过芭蕾舞，因为有编舞，编好之后，我们很难指导具体的细节。 但这次是一个全息的舞蹈，我们可能就要把一个经典的东西解构，当然这样的行为也很危险，很可能遭人诟病。

我们先看自己的芭蕾舞剧，十几年前的一个电影《大红灯笼高高挂》，仍然是讲的大宅门里面的故事，导演虽然没有讲，我们自己偷偷地去看。导演跟我们说，我们做这个活动，要改变一种观念。我们一直在想，观念是什么？似乎有的时候讲的是创意，有的时候讲的是策略，我们就要先有战略再有战术，有的时候战略和战术要水乳交融，同时告诉我们，做的都是命题作文。比如"站在悬崖边"这个命题，都能看懂，但解题时一百个人有一百个答案。

比如说《大红灯笼高高挂》，封建社会里年轻的姑娘被大宅门的老爷纳为四房，家里的家丁把她抓去成婚。芭蕾舞剧里面没有台词，我们怎么看出来它的内容？就看到这个姑娘自己在园子里面跑，我们看到每个家丁拿了一扇门一样的东西，不断地奔跑。包围的范围越来越小，终于这个姑娘跑的范围只有几十平米了，最后四扇门挨到一起，这个姑娘就动不了了。

这个时候已经是下半幕了，我们看到空中有一个亭子，亭子的顶从空中下来，演员精准走位，亭子的顶下来，正好盖在了四扇门的上面，家丁拿起两个棒子，穿上去就形成了一个轿子。你会发现，这个轿子像是一个牢笼，这时候大家把它抬起来，抬进了大宅门，就被迫成亲了。它想表达的是封建的禁锢，你永远跑不出这个牢笼。这样的舞剧，脑洞比较大的有很多，包括最后，她嫁到了这家之后，有一个偷情的过程，寻找真爱，家法就需要拿出来，需要拿板子抽打，不管男女。

这时候我们怎么去写意地表现？女孩被推到地上，所有的家丁拿起板子，躲到了大屏风背后，我们听到打的声音，其实就是幕布的动作，每打一下幕布就晃一下，就有人往幕布上泼颜料，幕上一条红的血印，慢慢整个幕全都变成红的。这个空间的呼应状态，是一个有趣的观念，导演把一个创意放大了。

　　这个观念是什么？ 十五年前他可能就在想这样的事情，我们发现这样的手法，其他的同类可能不太多，有的话也是别人学他。 张导说："我们观念的底线，就是以往你们用得太熟的东西，现在都不允许出现。"就是不希望我们抄。 比如央视或者其他台的晚会，都有这样的状况。 《阿凡达》是不是看过？ 多少年前创造票房奇迹，它创造了一种景象，夜晚发光的森林，森林里全都是发光的会呼吸的草、蒲公英。 于是你会发现，各个晚会的背景，一唱到浪漫，全是发光的森林，呼吸的蒲公英、树精灵。

　　几年前，李安导演的《少年派的奇幻漂流》大多数人应该也都看过，他好像没做发光的森林，但出现了同样震撼的景象，是夜晚的海洋，发光的海洋。 海里面无数发光的水母，或者是发光的藻类，一只发着夜光的巨大的鲸鱼，飞出水面再砸到水面。 然后你会发现，近两年的晚会，唱到浪漫的歌的时候，背后都是发光的海，一个发光的鲸鱼翻起来。 当然每个人的鲸鱼做得不一样，省事的买一个高清盗版就直接用了，讲究一点的，模仿一下，有的做得胖一点，有的做得瘦一点，有的这跟头翻得高一点，有的翻得低一点。

　　其实如果在平时，我们并不觉得丢人。 说好听一点，是借鉴大师的东西，但是这一次，导演告诉我们："不可以，不要用借鉴去搪塞，那就是抄。"这就是我们说的观念，创意不要过多借鉴，不要用"借鉴"去安慰自己。

　　这个时候我们就突然觉得自己站在悬崖边了，没有借鉴的东西了。我们的脑子里储存了那么多优美画面，那么多手段和技法，我们都已经炉火纯青了。 我们在某一个领域，都已经达到自己很得意的境界。 但是在这里，你得把熟悉的东西扔掉，重新想，想你没有想过的东西，想不出来的东西。

　　我们回去琢磨了一夜，没想明白，想我们想不出来的东西，我们怎么想出来？ 想不出来。 所以才会有这个标题，叫"站在悬崖边"，站在悬崖还不够，还不许转身，不许后退。 这个时候你只有一条路，去死，要么有四个字"绝处逢生"。 当你觉得自己只有一条路，不可以回望的时候，会调动自己所有创作的细胞。 其实我们的大脑有潜能，当我们拿出狗急跳墙的劲头的时候，突然间可以想出以前想不到的东西。

想出东西的时候，我们最大的庆祝是吃拉面，也不让我们走远。那个瞬间我觉得很熟悉，其实我已经好多年不跟晚会了，上海东方电视台一直延续至今，上海做类似的大型节目是无人能敌的，我们做了很多人不敢想的事情。 在那一瞬间，这种感觉很熟悉。

这次 G20 的开场演出是在西湖上面，我们看到很多实景。 因为有水，所以在创作观念上，我们就要考虑夜晚的水面是否要发光。 不管是否发光，只要是打了光，一定会有倒影，创作的时候不能忘记倒影，忘记倒影就浪费了，不如在舞台上。 水波纹的荡漾程度是不同的，这是你不能设想的东西，但是你可以设想我这里的形是什么。 当时开场的《采茶舞》用的是发光的衣服，这个也不稀奇，但是我想说的是观念，观念就是不断地否则自己。

看上去好像是很好了，到最后它被枪毙了，我们总觉得似曾相识，最后不再用发光的衣服了。 因为在湖面上给演员本身打光，好像很亮，但是视觉上的感觉，似乎有人已经用过了。 而且它的亮度有点贼，这种绿光有点窃，你看十几秒可能会有点新鲜，但是三十秒以后就会觉得有点土，所以最后发光的衣服被否决了。 服装被否决了好多次，最后反而得到了肯定，就是用最朴素的衣服，就是侧光，衣服的倒影，演员的衣服不发光，最后只选择了斗笠，或者是茉莉花的伞发光。

最后我们说说《天鹅湖》，这是让人印象最深的，后来也被评为视觉效果最好的演出。 简单回顾一下，它是一个全息，背后就是湖光山色的真实的西湖，然后这是全息影像，我们能看出来哪一个是真的，近看特写可以看出来。 那个时候亚信峰会、世博峰会也开始用全息了。为什么说又站在悬崖边了？ 也是挺冒险的，因为全息幻影成像，从来没有在户外用过。 我们说的 3D 裸眼成像，其实是蒙你们的，其实就是投影，就是咱们外滩的墙体投影，那个是可以在户外做的。 但是这里有一个反射膜，有折光的膜，虽然是欧洲人发明的，但欧洲人也不敢用在户外，因为户外有很多干扰。 全息成像最好是在全黑的环境里，春晚我们也看到过的。 现在是实景了，而且是第一次在水上，我们自己心里也没底，因为受到的影响太多了。

但是有些观念，最后让很多熟悉芭蕾舞的人很服气，中国人居然敢在水上跳芭蕾舞，芭蕾舞最重要的是靠足尖，一个是水里，一个是滑，我们芭蕾舞演员天天在水里就这么练。 七八月份又很热，所以每天都会有一到两个演员中暑，演员排练也是比较辛苦，脚都肿了，最后我们已经没有 A、B 角可以换了。 国内芭蕾舞跳得拿得出手的，并不是太多，尤其是跳"四小"的。 我们上芭有一两队"四小"，中芭有一到两队，一个团里边，能有一组四小天鹅跳得很棒的就不错了。

其实我们最终用的是 24 个真实的天鹅，在影像中间反复出现的有一百多个天鹅。 其实就是两只天鹅，能看出来吗？ 两个大天鹅，她引领，然后开始出现。 《天鹅湖》是西方的东西，但我们是中国人在演，所以导演给了我们任务，在这里尝试着阐述东方美学，我们必须要解构天鹅湖，还不能乱解构，依然要保存它的特点。 我们利用全息的原理，一生二，二生三，三生万物，有就是无，当然我们做的时候也不会打字幕，就是带着这个概念去做。 有时候我们创作者自己想好了，但在视觉呈现的时候，需要还原现实。 创作的时候应该有灵魂地创作，不是为了哗众取宠，为了炫技而炫技，观众觉得好看就可以了。

我们前面设计的是照镜子，这是一个无形的镜子。 没有字幕，想传达的理念是，我们现在跟地球上的每一个国家都是照镜子式的关系，我看到你，你中有我，我中有你，今天这个地球村不是谁一家独大了，大家的联系都很多。 不需要挑明，用我们东方的方式感受一下就好。

我们现在看到的这一版《天鹅湖》，经过了一个艰辛的历程，最早完全不是这样的，依然是发光的衣服，依然是希望在水上可以自发光。但是我们就说它有点贼，有点显摆。 导演给我们设计的时候，希望这一台开幕演出和奥运会开幕式不一样。 我们对奥运会开幕式印象很深，好多年过去之后，国际上依然承认，中国的 2008 年奥运会开幕式演出，是目前世界上最好的演出之一，依然有它不可撼动的地位。

这一次不希望用人海战术，这次我们使用的演员人数原则上不许超过观众的人数。 在湖面上最多出现 350 人。 在湖面上走的时候有倒影，觉得就像 700 个人，研究好它的间距和视角高低的范围，充分利用它，可能会产生更有趣的东西。 就像我们国画的留白，就是不满也很有趣。 最后测试的时候，我们觉得这可能是对的。

《天鹅湖》最早的创意是什么？ 最早的时候是想要在空中搭威亚塔，这是一个用力过猛的创意。 在湖的两岸要搭 36 米的威亚塔，做 3 个，每一层有 8 道威亚，让发光的天鹅在空中上上下下的，人可以轻轻地落到水面，这样一听感觉很好，外交部也通过了这个方案。 但是我们没有注意一个问题，苏堤是非物质文化遗产，在这上面动土，首先违背了环保性，是要背骂名的。

在这个过程中，大家也觉得这样确实更有意思，别人没有玩过，在创作上不舍得放弃，但是在落地实施的时候，我们发现我们不能自嗨，关起门来自己玩。 我们面对的是一个全国性的直播表演，必须要严肃面对这个问题。 所以忍痛割爱，把这个方案枪毙了，威亚也不搭了。这个时候大家如释重负，但是一转身发现，又站到悬崖边了。 好创意被枪毙了，没有主意了，怎么办？ 就愣跳，在水面上跳，水上芭蕾舞确实没有人跳过，但是在水面上这样跳三四十秒以后，用导演的习惯说法，就是"老了"，这一招就"老了"，审美疲劳了。 于是《天鹅湖》就暂时搁置了，这个节目差点就没有了。

后来因为领导的期望，还是保留了这个节目，我们就利用了全息技术。 张导非常怀疑，他说："户外用，可行吗？ 你能不能做好？"我说："肯定能做好。"说完之后我的心一直在跳，我也没有在户外做过全息，说完之后就在想怎么做好，自己把自己逼到了悬崖边。

于是就硬着头皮做出来《天鹅湖》，前前后后应该有六七十稿，我们平时的节目，从来没有修改这么多稿的时候。全息模式是一个拱桥，其实就是 G20 的 logo，不知道有人注意到没有，G20 的 logo 就是一座发光的桥，那个桥的线条一共有 10 根，10 根白色的线条，加上水里的倒影，就是 20 根，20 根正好是两座桥中间的圆孔，所以这有个"2"，这有个"0"——G20。这是表示 G20 峰会就像一座桥梁，各个国家有分歧，有同和不同，借助桥梁，大家来沟通。在这个桥拱里面有一个全息膜。

简单地说一下，这就是一个折射的原理，就像我们手机屏幕用一个 45 度角，就可以折射看到地上的东西，就像一个镜子。唯一的不同是，要把折射的手机想象成透明的，上面不显示图像，就是说，在这个框里面，如果我们不显示这滴水，它就是镂空的，你不觉得这里存在任何东西，它就是透过去的湖光山色，是这样一个概念。其实是地上躺着一个屏幕，把它折射过来的。所以我们一开始的想法就是，在跳舞中间用垂直俯拍的方式，一滴水画出一只鹅，然后鹅又化成人，然后芭蕾舞演员开始跳舞。

还有一个方案，最早这个桥是可以上人的，让白天鹅慢慢走上去，从顶上下来，我们有这样一个空间关系。这个空间关系是很有趣的一个状态，当人站在上面的时候，全息膜下面可以有倒影，感觉这就是河岸，然后这里可以站真实的人，这是真实的湖，所以会有两重倒影，这个创意也挺有意思，充分利用倒影的关系。但后来因为技术原因，又忍痛割爱了。

结尾的时候，两个跳白天鹅的舞蹈演员化成真实的白天鹅，天鹅头对头，我们觉得是最浪漫的图片，大家很熟悉这个。但后来觉得像是在给施华洛世奇做广告，所以我们决定不再出现人以外的东西。

我们在每天的创意过程中，为什么会被逼疯呢？ 张导每个星期检查一次，他的意思是一个节目要想 25 个创意，光这 25 个创意就把我们逼疯了。 而且不允许出现似曾相识的创意，大家开始凑数，发现其中有 8 个一看就是借鉴来的，回去再想。 我们交 25 个作业，提案的时候可能会全都枪毙，也有可能会留下一个，"这个还有点意思"，当我们听到这句话的时候，就觉得曙光出现了。

在这个桥拱背后，我们又做了一个桥拱，是双拱，是两道全息。 到了《天鹅湖》结束的时候，这个拱形再错层出来，像一座山峦，其实现场在这个地方还有一个月亮，有一个人造月亮升起来。 就像山谷中间升起了一个月亮，在这个全息里面，这里也有一个舞蹈演员，两个舞蹈演员最后化成两只天鹅，汇聚在一块儿。 全息拱桥里面又生了一个儿子，这样也挺好玩的。 其实已经做出来了，在游走的过程中间，由于桥上不允许上人，桥的体量减小了，再出来这个桥就显得很突兀，又忍痛割爱去掉了。 这就是前面创作的过程。

全息最麻烦的一点是，我们的创作有更改的时候，你的一次拍摄就作废了，因为它是不能随意更换的，还有全息的原理，我们叫一镜到底，不能更换，所以这里永远没有特写镜头，拍摄的时候一共拍了三次。 中间有一些超高速的镜头，大天鹅在展示，我们看到真人在演的时候，突然变成慢镜头，真人不见了，我们拍到她自己在空中腾飞，最后为什么这些努力都没看到？ 就是我们刚才说的全息的原理。 为这个技术问题，我们测试过几十遍，在黄昏和天黑的时候才能够做正式的测试。 这个节目因为是外景实景，我们每天最大的期望就是等待太阳落山，而不是等待太阳升起。

蓝色小人是干吗的？ 代替真人，这也是活的，在现场的时候，真实的演员要跟踪自己蓝的人去跳，就可以跟假的自己匹配了，产生影像之间奇妙的互动。 当节目成熟之后，我们把这个蓝人拿掉。 所以有蓝人和没蓝人，每两天就要输出两个版本。 最后我们会输出四个版本，我们全息也没有做过，我们真正演出的时候看到是国家交响乐团现场演奏的。 以前我们做的全息多媒体是放录音的，拍子很准，如果现场演奏，总会快两拍，慢两拍，最后就会产生连锁反应。 我们最后和国交的总指挥也是不打不成交，他也是一个脑洞很大的人。 他生生盯着我们的影像，把节奏跟上了。 乐队就拼命地赶，观众听出来觉得他们是在赶，赶完之后就天衣无缝了。

因为我是多媒体视觉总设计，凡是牵涉到画面的图案，我都要去设计。 另外牵涉比较深的，就是这个扇子，没有什么高精尖的技术，就是一个投影。 它并不新鲜，并不是什么新奇的东西，我们经过七十多次的排练，让它足够精准。 就是这个扇子的开合，影像咬得非常精准，我们经常是一碰到机械就会出问题，我们练习到最后，预留了两三秒，我们的影像提前打开的，因为打开多了不行，水里面会看到，还不能穿帮。 经过七十多次的排练，扇子做得足够精准了，它就流光溢彩。 大家以为像奥运会的卷轴一样，是不是发明了一个软的折叠体，其实没有，它就是一个投影。

《梁祝》最早的创意中，我们曾经做了一个小拱桥，人是可以走上去的，可以跟影像产生互动。 这都是在制作的过程中尝试的，为了做影像互动，我们做了水墨的桥，拍了水下真实的演员。 既然是《梁祝》，一定需要蝴蝶，这是我们想象的蝴蝶，也做出来了，做了三百多只蝴蝶。 最后这个方案又被枪毙了。 最终呈现的版本，《梁祝》化蝶那一段，不允许出现写实的蝴蝶，最后用扇子，变成一个写意的蝴蝶，你能看出来就看出来，看不出来你觉得很美就行了。

还有一个节目《月光》，它曾经很复杂，曾经有一个我们喜欢的创意，还是这个桥，它讲了一个爱情故事。 我们只取了那个"光"字，诠释为时光、光阴等等概念。 真人正对着观众坐下来，一对恋人，影像我们提前拍好，是一样的动作，垂直俯拍，在影像的前面，全都是俯拍的人群、车辆，春夏秋冬。 《月光》这个曲子并不长，四五分钟，全部过去之后，雨停了之后，这两个演员再站起来，已经白发苍苍，站起来相互搀扶着走了。 两个二十多岁的年轻人坐下，然后四五分钟就过去了一生。 这个故事我们挺喜欢的，都做完了，而且觉得挺感人的，在节目节奏的要求下，不得不舍弃。 这就是我说的，我们刚才说的很多东西大家都没有看到。

最后现场彩排的时候，我们要符合整体的节奏，这个时候我们要反思，舍得舍得，一定要经过这么一个痛苦的过程。 最后呈现的效果只有四个字，又是一个观念，叫"返璞归真"。 前面我们试了很多花活儿，呈现出来了，现场效果也不错，但是当我们给各国领导看的时候，观众就不同了。 彩排的时候发现，有些东西玩得过于花了，当你过于花哨的时候，那种优雅的东西没有了。 所以我们最后不断做减法，之前卯足了劲做加法，在那个时候开始做减法。 做减法的前提是所有的东西都做得够到位。 我们知道简洁不等于简陋，质感要做得很高级。最后把很多花里胡哨的东西去掉了，就变成了我们现在呈现的状况。最后的《月光》就是一个钢琴曲和一轮月亮。

很多观众可能不知道，我们还有一个备用的版本，一个很惊艳的室内版。 那里的《天鹅湖》还不一样，我们的视频研发是另外一套，它的空间管理完全不同，《茉莉花》的调度也完全不一样。 室内还有一个庞大的团队，我们把视觉设计完之后，那个庞大的团队在做室内。

最后三个字，"辛苦了"，这是我的结束，辛苦你们听我啰嗦了半天。 回到最初的问题"站在悬崖边"，我们从哪里来，到哪里去？ 我们是导演。 平时好多人经常说，我们不甘于、不希望听到这几个字，这是中国人最习惯的客套方式，但是作为一个导演，我们一起做完一件事之后，永远不要甘心于仅仅听到"辛苦了"。 超越自己的一瞬间，听到的可能是"太棒了"。

生命的宽度，影像的深度

▼

阮义忠
| 著名摄影家 |

我怎么会被咖啡吸引？

我可能是台湾最早自己在家进行咖啡烘焙的人，第一个把自己的咖啡配方变成淘宝上可以卖的"阮家咖啡"。 这大概跟我的个性有关，我这个人，如果被一件事情吸引，就会全心投入。 本来喝咖啡我是很随便的，任何三合一、二合一、速溶我都可以接受，因为提神嘛。 我喝咖啡最多的时候，也是我抽烟最多的时候，烟是一根接一根，咖啡一杯接一杯，那个时候我的烟瘾其大无比，后来烟我戒掉了，咖啡现在却还喝。 人生什么东西都戒得干干净净的话，可能是最乏味的。

我怎么会被咖啡吸引呢？ 喝速溶咖啡的人，只需要咖啡因，不会被咖啡吸引，咖啡仅仅变成一个提神的东西而已，这样的东西只是一个西药，可是需要把西药效果再提升，能够品出更细腻的内涵的话，那就要很多理由了，这个理由就是终于有一天喝到了一杯美妙无比的咖啡，整个味觉都被唤醒，我就开始投入。 当我要投入咖啡领域的时候，我就会把在台北书店找得到的所有有关咖啡的书都买齐，还好那个时候咖啡没什么人研究，能买到的只有四本，《咖啡百科全书》《精选咖啡》《咖啡实验室》《怎么开一家咖啡馆》，读完的结果，我得到了一个小结论，天底下没有任何单品咖啡能够达到完美的境界，什么咖啡都有其长、有其短。 最好的办法是能够拿这个咖啡的长处补其短处，换句话说，你想找到百喝不厌的咖啡，只有用实验室的精神去调配了。 不过帮我在淘宝卖咖啡的人，设计做得挺好，却不太懂营销，所以对我来说是历史了。

生命的宽度，影像的深度

我今天的题目是"生命的宽度，影像的深度"。

因为大部分人把摄影看得太简单，以至于人人都觉得会摄影，觉得自己不需要学，不需要除了技术之外的其他方面的营养。 其实，以前用传统相机，要拍一张成功的照片，任何人再努力，都可能要拍一两年才能做到。 再突发的事件，只要相机在身边，都会像眼睛一样，一眨眼就永远保存最准确的记忆，不会损失。 稍微晃动，焦距不准，构图不对，角度稍微不好，就拍不好。 所以在我们那个年代用传统相机、传统胶片拍照的人，对技术是要非常下工夫的。 要掌握到相机成为你肢体语言的延伸，镜头就是眼睛的延伸，底片就是心底感动最敏锐的记忆，一曝光就永远留在底片上，以前要拍一张成功的照片是非常困难的。

可是这种技术门槛，现在完全被新科技抹平了，数码相机还有防震，只要你把这个功能开了，想模糊还模糊不了。 白平衡呢？ 我们以前彩色要拍得好非常困难，色温条件什么都很严苛的，现在色温帮你自动平衡，自动对焦，一切都自动了。 当一切都自动的时候，人就变笨了，因为不用心，态度失去了。

所以，所有的艺术真正的关键，坦白说都不在技术，而是在态度。如果我们能够回头了解摄影的根，知道摄影是一个生命的诞生，不仅仅是影像的记录，那么无论用什么相机都可以捕捉到有深度的影像。

摄影就是把历史定格变成永不会被时间淘汰的永恒

为什么说摄影有那么大的魅力呢？ 没错，摄影就是把所有随时在变的人、事、物，找到一个特定的对象，用特定的角度，在那个决定性的瞬间，按下快门，让它停留在当下。 你按下的时间仿佛是时空胶囊，一百年后甚至更久，会随着时间显出一种芬芳，岁月的芬芳。

对我来说，我走上拍照之路后，就非常享受摄影独特的表现力。今天的阮义忠，摄影对他来说是生命的全部。 当一个东西成为一个人生命的全部时，这个东西已经变成信仰，摄影对我来说的确是信仰。摄影可以曝露社会的黑暗面，摄影也可以传达人性善的一面，好的事情，所以摄影可以做的事情的确很多，而且很深很广。

摄影是我的信仰，生命的宽度就在自己的手上

你们可能会说，怎么会有人把摄影看成信仰呢？ 说成兴趣，说成理想，已经很重了。 我想只有一个原因，我整个人被摄影改变了。 信仰可以改变你整个人。 最可贵的生命感动，通过影像传给别人。 人生是短暂的，所有的生命都是有阶段性的，没有一个人能够决定自己的生命有多长。 生命的长度，任何人都没有办法自我决定，可是生命的宽度，就在每个人自己的手上。

活 100 岁，可是生命毫无宽度，从生到死，没有和别人产生关系，跟社会没有密切的往来，没有跟这个时代互相对应，永远活在自己的世界里的话，那么生命再长也没有意义，因为你没有跟别人、跟外在产生

太多互动，就没有宽度了。

摄影刚好是一个让你跟别人产生关系的表现工具，当然现在有点不太一样，你可以坐在电脑前面制造影像，可是传统摄影的意义在于拿起相机走出去，跟外在发生关系。

从事摄影之前，我很喜欢读书，读《安娜·卡列尼娜》《战争与和平》《巴黎圣母院》《双城记》等等。为什么我喜欢读这些世界文学名著呢？因为我生长的环境是宜兰偏僻的农村。我一直觉得我的命运注定了，因为我父亲是木匠，我父亲的父亲是木匠，我祖父的父亲还是木匠。我们那个小镇所有人都是三代或者更久，都是同样的身份。做铁匠的好几代都是在做铁匠，做木匠的也是这样子。我害怕以后也做木匠，因为我想出去闯世界，想要认识不一样的所在。只有一个办法，拼命念书成为城市人，成为知识分子。

这种努力当然有好处，就是自我教育，可也有坏处，坏处是我没有好好地度过我在家乡的十多年，因为我只活在我的想象世界当中，或者活在书本当中，没有活在现实的乡土当中，我的成长过程是一种逃离状态，想逃离故乡。读书是最可贵的，人可以不移动分寸，心却可以跟古今中外的伟大心灵穿梭、交往，你可以跨时空，然后直接跟最内在的心灵碰撞。那个时候我觉得世界是多么宽广，这让我的想象力早熟了，跟我实际的年龄不一样。

人性的善面，让我找到了摄影的主题

技术是谋生，是为了把肚子填饱，艺术家则要有精神上的追求，要把人的素质提高。我从没想过，因为偏重于技术而被我看轻的摄影，会变成我生命中的重中之重。

退伍之后，我要找事情做了。《汉声》杂志的创办人之一黄永松先生知道我要找工作，很开心，因为那个时候在小小的台湾，我是个有一

点名气的人，虽然年纪比他小，可是我 19 岁就出道了，所以有点平辈的感觉。他问我："阮先生，请问你用什么相机？"这一问，我才知道他是要一个会拍照的人，因为《汉声》杂志是第一个用照片当插图的杂志，当时的台湾杂志开始大量用照片，所以艺术编辑要会拍照。那一刻我想，这个工作我可能没有了，他用错人了。黄永松满脸笑容，一听说我不会拍照时，脸都缩成一团了，傻住了，又不能说算了算了，你不要来了。当下他念头一转说，没关系，凭你的条件，多走多看多拍，很快就会上路了。这句话，我现在也经常和学生说，没有摄影经验，没有关系，要多走多看多拍，摄影跟游泳一样，不能在岸上学习什么姿势，你要跳下水才行。

作为完全没有经验的人，相机在手上时，我觉得自己很无能，还感到极大的羞愧。每当我举起相机，观景窗看出去的所有人和所有物都是一个一个问号，都不是具体存在，那个问号好像对我说，你跟我有什么关系？你为什么要拍我？哎呀，我很清楚记得那一天，有大太阳的夏天，我在台北的一条古街，所有的人物都可能活在那个社区里面，所有的民间手艺、传统习俗都可以拍到，是一个很特别的年代。可是我在那边无法把相机对准任何一个角落，因为那个感觉就是我从来没有认真去看过别人，我成长时从来都在自己的想象世界中，在精神世界中，在书本文字间，我很少好好地体会眼前的人、事、物的意义。

那一刻，我站在那边傻住了，太阳那么大，但我被吓出一身冷汗，不是晒出一身热汗，那一刻有彻底的羞愧感。我意识到我的成长过程不对，被封闭在自己小小的空间里面，外在的一切好像绝缘了。

还好当时的人非常善良，他们其实是觉得不好意思，觉得自己长得不好看，底片很贵，怕让我破费了。我吓一跳，我还以为我打扰了他们。就是人性的善面，吸引我把镜头对准那些愿意让我拍的人，我就是这样走出第一步的。后来渐渐知道怎么构图了，渐渐知道在最恰当的一瞬间按下快门，以前的美术素养让我很容易抓到很好的构图，文学的阅读经验使我知道拍照的时候，不只是记录平面的视觉影像，而要拍出有故事的照片，这两点都是重要的养分来源。 另外，就是人和人之间的互信，人性的善面使我找对了主题。

我与"土地"的缘分

我这辈子最重要的创造源于土地。 在那五六年间走遍台湾，跟陌生人打交道，完成的照片也办过展览，因为作品是经过深思熟虑的，展现了人跟土地的关系，人的成长、劳动、信仰、归宿，所以展览很成功。

我深深地感觉到，我的成长经验是要逃离农村，现在的摄影让我有机会重新在台湾的各个城乡走动一遍，我可以再过一次童年。 所以别人希望我拍风光，我却希望拍平凡人的日常生活。

我被平凡人的日常生活吸引，因为它不会被外在急速变化的各种原因打扰，永远保持人的本真，所以我在第一篇关于我家乡的报道里写道："人的生活方式就是最美的风景。"说实在的，那个年代是台湾的黄金时代，人跟人之间完全信任，完全不会怀疑你的企图，拿起相机没有人会说你侵犯我的隐私权。 人跟环境之间相处最和谐，因为经济不发达，没有过多的建设。 有时候说起来很残酷，有人存在之处，对地球而言就是破坏。 因为地球才不管有没有人类，如果地球有知觉的话，没有人类最好，有人类的存在，对地球本身就是负担，就是破坏。 那个时候处处是好山好水，我有幸在那个年代走遍了台湾几乎每一寸土地。

你想不起来的事情，就等于不曾发生过，这是很残酷的事情。 没错，历史也是如此，没有留下记录的，根本等同于没有存在过，摄影就是能够把这个刹那永远凝固，仿佛成为永恒，其他的都不存在了，那些人可能都走了，那个地方都改变了，可是一个拍照的人对外在的碰撞，一个人跟外在的关系却成为永恒，我想这是摄影最奇妙的地方。

　　一张好照片就是老天爷要给你的礼物，一个摄影师随时做好准备接受这个礼物，让你保持一种跟外在最紧张的关系，这种紧张的关系不是不好的关系，就是你要立刻有感动，那个感动就是等你创作的同步，没有其他创作是这样的。　文学通常都是靠回忆，绘画可能是感动之后沉淀下来，在最后要画的时候才收集视觉经验，由空白到完成一幅画。可是摄影没办法说，我好感动，回去想一想，再拿相机找一找，再拍，不是那么回事。　你最感动最激动的那一刻，反而要变成最冷静地按下快门的一瞬间，这种关系说实在的，带给我很大的一种满足感、成就感，甚至有一种幸福感。　你按对快门的那种快乐是没有办法衡量的，这种感觉大概只有亲身体会过的人才知道。

　　摄影有趣的是什么？　摄影本身就是要意外，意外变成创作最强的内涵的时候，你就特别开心，因为它超越了你的想象力，超越了你的理解力，这就是艺术最可贵的一点，永远在丰富你的生活内容。

　　摄影让我一而再再而三地体会到，以前我努力要从书中找到另一片天地，后来觉得每个人可能都是一本书，你会不会读而已，你要是会读的话，会读得津津有味，你要跟他再多聊一点，那就是一个长篇小说。一个人可能就是一个时代，一个人可能就是七情六欲、悲欢离合和所有人间的缩影，所以不只是用眼睛看，而且要做到用心读，你要直接从人身上读道理，然后要用同理心去看，你就会进入他的生活，生命里不能打开的那一页也被你打开了。

　　我的摄影已经不是摄影了，我的照片要传达人人本来应该有的传统伦理、道德。　我们华人世界大概都受到儒家的影响，道家的影响也有，佛家影响也有，儒道佛变成很独特的人与人的关系，人与物的关系，人的生命观、价值观。

　　记者问，阮先生你可不可以给优雅做一个定义，我只能想到孔子说的"克己复礼"这四个字了。　真的，现在每一个人都过度膨胀，所以人和人之间很容易摩擦，每个人克制一下自己，缩小自己，彼此之间的空间更大，优雅才会重现。 每张照片都是关于优雅的定义。

有人问我有没有微博，我连什么叫微博都不知道，我以前是电脑白痴，电脑开机都不会，因为我有一个能干的太太，我嘴巴讲就好了，她帮我操作。 当出版社编辑知道我连微博都不知道，他吓一跳，跟我讲，现在出版一本书，如果卖十本的话，书店加起来只能卖三本，其他七本是网上卖的，你没有在网上跟博友互动的话，你的书根本卖不掉。 我听了觉得很严重，我说我真的不知道什么是微博，他说你不要管，你把基本资料给我就好了，我给你登记。 三天之后他又发邮件来，说阮先生你怎么不写一点东西，写了才会有人跟你互动，你要发文。 我写微博不能只为了多卖几本书，要写就要言之有物，不能只抒发感想，要写就要诚实，心里想什么才能写什么，要写就要持之以恒，最好每天都写。

微博只有 140 字，多一个字发不出去，少一个字对不起这个微博，我的微博到现在，除了转发的之外，都是 140 个字。 我的微博一度成为奇葩，因为完全不是在讨论事情，完全是当成日记一样，记录最有灵感的那一刻，灵光一闪的文字。 粉丝急速增加，当然加到最后，微博开始被微信取代，我的粉丝一直停留在一百八十多万左右，增不上去了。然后出版社就出版了两本书，《一日一世界》和《一步一天地》。

有人问我，阮义忠先生你不干摄影师，最想做什么？ 不是建筑师就是管家，建筑师可以理解，为什么是管家呢？ 因为我管家管得太好了，除了做饭，其他的任何家事都是我一个人干的，因为我干得太好了，因为我乐在其中。 为什么乐在其中呢？ 这不是简单的工作，这是一个自我修行的办法，一个人有没有办法每天重复一件事情而不会腻？你要在最平常最单调的日子当中，永远体会新的乐趣，这件事情就考倒很多人。 我每天第一件事情就是扫地，所以家里非常干净。

陈丹青来我家，说，阮先生你怎么有办法把家弄得一尘不染？ 我就跟他说，每天起来就是扫地，《朱子家训》第一句话： 黎明即起，洒扫庭除。 齐家治国平天下，都排在扫地之后，有没有道理？ 做过的人完全能够感受到这个道理。 因为我扫地，就有体会了。 我去过朋友的家，他们的家都很难整理，为什么呢？ 家家户户的使用者，这个空间的使用者跟它的清洁者不是同一个人，这个家的设计者更不是使用者，更不是清洁者。 如果一个家是站在清洁者、使用者的角度考虑的话，什么东西该高，什么东西该低，什么东西摆哪里，会成为最舒服的环境，这是我的体会。

怎样让扫地变得舒服？ 我的心得是你家要没死角，就扫得很舒服，没有死角的地方不只是好清洁，还会让你的视觉有穿越性，就表示空气会流通，光线跟空间产生很微妙的关系。 你去考虑什么东西该摆在哪里的时候，自然就会有最符合功能性的设计，这个功能性反映出个人的品位。 好东西摆对地方，对我来说是最好的设计，有的时候根本不需要设计，把好东西摆在改摆的地方就可以了。 我非常希望有一天能写一本关于空间设计的书。

我很少拍我太太，但我曾经拍过她的脚，因为我被感动了，因为我的生命跟她分不开了。 有记者问我，你太太在你的创作和生活当种扮演什么角色？ 没有她就没有阮义忠，她一辈子支持我。 我们那个年代，苦哈哈地上班，买相机。 她十六岁的时候我就认识她，她现在六十二岁。 某一天我经过她的书房，她正在午休，光线照在她的脚上，那么漂亮的脚，好像还停留在十六岁的样子。 当时就非常感动，抱着完全不一样的心情按下快门。

如果我的生命成长有什么特别的地方，就是我只拍让我的人生向上的对象，不会去揭露人性的黑暗面、社会的丑恶面，让人沉沦，看到绝望。 不管任何角落，我都希望看到未来，看到希望，我也抱着这样的心情，跟大家分享艺术和我的态度。 我永远通过我的相机，用我的文字，把我生命中的感动跟更多人分享。

世界舞蹈之巅的中国人

▼

沈 伟

| 著名美籍华裔编舞家、视觉艺术家、导演 |

▼

沈奇岚

| 著名艺术评论人 |

沈奇岚：大家下午好，非常荣幸可以受到"咖啡学校"的邀请，来和沈伟老师做这样一个对话。我非常惶恐，在座的各位都是非常专业的记者和编辑，另外，沈伟老师也是我非常崇拜的艺术家，所以请沈伟老师先给我们讲讲。

沈伟：各位好，很高兴又回到上海。从历史的角度来看，我们过去这么多年，都是想把一切分得很细致，音乐人只做音乐，绘画人只做绘画，舞蹈人只做舞蹈。实际上我们人类不是只有一种感官的，在很多方面，我们可以看东西，也可以听到东西，我们脑子里也可以想东西。我觉得在研究上，是可以比较单一的，但是从艺术的感染力来说，我们人是全方位的，有时候吃饭、吃菜也是一样的，色香味俱全才感觉更好，缺一样就感觉有点不到位。对艺术的东西，对美好的东西，对一个有意思的东西，我都有兴趣去学习。后来我发觉在这些年的发展和认识里,可能我在一个方面的认识是有限的,那我就从另外一个方面去认识,实际上可以帮到我在其他方面的一些不足。

沈奇岚:我们今天的主题是"世界舞蹈之巅的中国人",这个"巅"有多高? 沈伟老师是有国际舞蹈届"奥斯卡"之称的"金尼斯基奖"和"麦克阿瑟奖"的获得者。他非常年轻的时候,已经获得了这些奖项。他著名的《春之祭》在每一个剧场都上演过,而且每一次都获得巨大掌声。这样的成就,对任何一个中国人而言,对任何一个舞者而言,都是极其难得的,所以我认为沈伟老师在舞蹈之巅是名副其实的。

沈伟:我全家都是在艺术圈里工作的,这让我对美好的东西有兴趣。音乐、视觉的东西,都有兴趣。我从小就开始传统的训练。我九岁的时候就已经离开家里,去科班学习戏曲,湖南的湘剧,六年半学习中国传统戏曲。它让我了解到中国传统艺术文化表演的根。这种表演形式在中国是比较传统的,但在国际上可能是比较前卫的一种表现形式。

当时没有人教我怎么记,我就画小人,找了一个方式把它记录下来,有文字解释,有图片解释,一直保留到现在。非常非常棒的一套漂亮的扇子功,我真希望将来不会丢了,我就把它记录下来。几十年以后重新看看,还能记起那些动作。

沈奇岚:所以很早以前就开始编舞了?

沈伟:对,很早以前就开始用文字和图片来记录。我小时候也学画画。那个时候我特别喜欢达·芬奇、米开朗琪罗。我以前是学国画的,看到他们的油画之后,觉得它们的美感不一样,当时就很喜欢,就开始学西方的油画了。

我小时候学过工笔画,后来学过素描,在分析一个形体造型的时候,要用科学的方式认识它,就是透视、光、影、面以及立体感的认识。我以前学国画的时候掌握得不够，后来学习了西方油画，在造型上的认识就提升了很多，开始进入从中国传统文化认识到西方传统文化的过程。在学习绘画的过程中，也开始认识到西方的现代文化，也影响了我学现代舞的过程。

沈奇岚：您开始现代舞创作之后对身体的认知，和以前学习戏曲的时候对身体的认知，区别是什么？

沈伟：我们都知道，戏曲中的人做动作，好像不够延伸，就是紧紧的，短短的，动作挺有力的。那种状态跟戏曲本身的专业有关，它的造型、服装、人物情绪，分得很细，所以它呈现出来的东西，就不会像舞蹈这样。从意大利和法国发展芭蕾开始，全世界都认为舞蹈就是芭蕾，芭蕾对美感和线条的认识影响了全人类的文化，一说到舞蹈就是芭蕾式的，就是长长的，漂亮的，很高贵、很高雅的线条。

实际上，舞蹈跟戏曲的距离是很远的，因为它们的训练方式不一样。身体转化的过程实际上难度还是很大的，但由于我喜欢，就会多花时间去训练自己。现代舞实际上给了人一个比较自由的状态，你可以长长的，也可以短短的，也可以圆圆的，只要你把你要表现的东西表现出来。我当时学现代舞，说我一定要学芭蕾，因为现代舞也是反芭蕾的，最开始的革命吧。

1993—1994 年的时候，我做过一个人的秀，就是地下表演吧。那时候在中国可能还没有这种地下表演。一个人演，一个人又唱又说，什么形式都混在一起，也不对外卖票，用实验性的剧场。那个时候我在北京、广州、香港做表演。这里面已经有很多戏剧表演形式，说、唱、演、跳都有。

2000 年做了一个在西方非常受关注的作品，他们说是成名作吧，叫《声希》。实际上从以前到这个作品，有一个非常大的转变。我 1995 年出国，到 2000 年才创作出这个作品，其中四五年的时间，就是在很多方面的一个认识的过程。我们那个年代学现代舞，在广州的时候，接受的是西方不同流派的现代舞老师的教育，学的都是技术性强的，表现形式完全都是拿西方的语言来做的。你跳出来的，跟老外跳的一模一样。去了纽约以后，我觉得我要认识到自己的价值在哪里，我要找到自己的艺术语言。实际上，从历史的角度来看，表演语言是最重要的，不只是内容、形式。一个形式的发展是一个文化、一个文明的发展。

在这个作品里面，我就完全跟西方的所有流派有所不同了，也跟中国的戏曲不同。我要找到一种我个人比较认同的表现语言，从动作、视觉造型上，找到我自己的语言。这个作品当时为什么在西方比较受重视？就是因为一种新的表演语言的出现。2000 年，这个作品在欧洲巡回时就很成功，后来一直在全世界巡回演出。

沈奇岚：在什么时间点上，您发现其实西方的舞蹈语言不足以表达您自己，而您自己的确有自己的东西要表达？

沈伟：对于我来说，我在中国生活的二十六年，学中国传统艺术，对我不同的感官和审美意识，有非常大的影响。中国传统文化里有很好的价值，有很多的智慧，可以分享给全人类，分享给世界上任何一个国家。就像文艺复兴的审美意识，他们的审美观、他们的价值观影响到全人类一样的。我觉得中国传统文化中有很多可取的地方，要思考怎么把它提炼出来，把它带去更有国际价值的一个空间领域，怎么发展它的美学。我过去每一刻对生命的认识，都影响到我现在的创作，当然我后来自己的认同，也影响到我最后的选择。

沈奇岚：沈伟老师不但负责编舞，舞台设计甚至是服装，也都是沈伟老师一手创作的，有它独特的意义。是不是可以讲讲《天梯》里面的服装，以及整个舞台的设计？这里面有一些中西方融合的元素。

沈伟：从视觉来看，《声希》可能东方元素会多一点，《天梯》的西方元素更多一点。因为当时我做完《声希》以后，被美国的国际舞蹈节邀请去做国际编导创作作品，当时我就做了一个跟《声希》不太一样的。有一点点超现实,就是在一个有阶梯的空间里面,曾经发生过的,要发生的一些事情,或者是你想象要发生的事情。这完全是一个感官的,比较梦境的状态。这个作品的表示形式比较慢,可能比《声希》还要慢,但是它的张力跟《声希》一样,非常大。在视觉上,会用一些跟地心力比较对抗的表现形式,动作也好,服装也好,造型也好。

那个时候我又看到一个比利时超现实主义画家的画,我觉得他跟我这个作品的关系非常密切,让我看到一些共同点。这个楼梯是为了表演设计的。服装上,不用一般的布料,我要找到超现实的质感,就没有用任何布,用的是那种棉花式的东西,就是那种工业用品,然后把它压扁,重新弄,用手撕成这个状态,它出来的质感是布达不到的状态。在造型上比较超现实,因为它不像我们生活中可以认识到的质感,不是那么现实。地上会出现一些小树,然后整个舞台是楼梯,中间有一些很有意思的瞬间,云飞过去,一下子就不见了,然后树叶过来,很飘然,那些瞬间很有震撼力,是最美好的瞬间。这个作品有很多不同的瞬间可以想象,几乎每一个瞬间都有心灵沟通在里面,看上去很慢,但是每一秒钟都会发生很多事情。这个作品从开始到结束,内容非常丰富。

沈奇岚:《春之祭》刚才我们讨论过,它是一个对逻辑有涉及的作品。这次你带过来的《地图》对逻辑更有挑战,我们需要做些什么准备去看这部剧呢?

沈伟:这个作品我觉得应该会更有意思。它不完全是从情感方面打动你,是从哪里呢? 从它的趣味性,从它的逻辑性,它的能量,它的感染力。如果有人喜欢玩电子游戏,或者是喜欢在电脑上做程序,或者是学数理化的人,会觉得很有意思。因为它的难度,就在于它抽象的一些结构的变化。我在创作中间留下的手稿有一大堆纸,要去分析、计算,要去看它逻辑的分布,空间跟音乐的关系最后是一个什么状态。手稿上有抽象的符号,把这些符号放大,就变成了舞台的背景,演员的调度、空间节奏的变化,都是上面所要呈现的一种符号。人在跳什么,跟这些有关系。

我在纽约的时候,感觉前人对舞蹈的挖掘、对身体语言的挖掘,已经到了极限,手和脚已经做过所有的动作了。还能跳什么东西呢? 我们的语言没有什么发展的话,艺术门类怎么发展? 因为内容都是一样的。我老跟人家说,有时候艺术不完全是内容决定形式,很多时候是形式决定内容。

现在的舞蹈不是看你在做什么,而是你怎样去做。人类文明在发展,任何一天都会产生新的认识。你有新的认识,就会认识到身体更多的可能性。我要带来的这个作品,实际上就是很多你们没有看过的运动方式,它跟《天梯》《声希》或者《春之祭》的运动方式都不一样,是一种新的运动方式。

不仅是做新动作,它里面有逻辑成分,因为我的这些动作,同时跟地心力有关,跟物理有关,跟科学性有关,只有到这些年代,人们才想到这些问题,它的科学性,它的逻辑性,它跟人类、自然发展的关系。而不像以前,是反地心力,站在脚尖上,或者是演员到了二十来岁,就受伤不能跳了,有很多反规律的运动方式。我这些年一直在发展一个体系,叫自然身体发展的体系,一种新的运动方式。我这几十年一直在沿着这种运动方式。你会看到很多新奇的动作,这些动作不奇怪,是跟你的感官有沟通的,是很有意思的方式。里面特别会看到一段,专门探讨中国戏曲中的运动方式,感觉这很像太极,实际上是从太极中发展出来的一种圆。圆的动力在一个完全自然的状态下面,会呈现出什么样的运动方式? 这个作品里就能看到这种运动方式,你就会觉得很好笑。

老外做这种东方运动文化的方式做得特别好,因为他们掌握了一种技巧,有种科学性在里面。那种新的、圆的运动力出现以后,会带出新的动作,这种动作在舞蹈里面是不存在的。你要是带着这种观点去看的话,会觉得很有意思。这个作品非常复杂,它用了西方非常重要的一个作曲家的音乐作品《沙漠》,那个也是微量主义的,极简主义,听起来好像没有变化,实际上变化非常复杂,就看你的敏锐力达到什么程度。它都是六拍,我们都知道以前是 1、2、3、1、2、3,它的变化好像是六拍,1、2、3、4、5、6,1、2、3、4、5、6,实际上里面可能有很多的小变化。同时另外四五层不同的六拍在上面演奏,不同的节奏稍微晚一点,我的六拍就变成你的一拍,很复杂的六拍出来了,就变成了很多层的。如果你懂音乐的表现形式的话,真的会感觉像老艺人听戏曲,听得特别过瘾。音乐实际上整个都在六拍的状态里面。这些动作也是新的运动方式,完全是靠地心力来回弹,靠回弹的力量去动,而不是靠肌肉动。西方人看到这种新的认识、挑战和发展的结合,觉得打开了他们的思维和创作的空间。

沈奇岚:《地图》其实是沈伟老师用舞蹈来回应整个舞蹈史的作品,甚至是用舞蹈来回应身体运动史的作品。在文学的领域里,有一些作家,其实是作家的作家。他写作,大部分的作家都会觉得很精妙。你这个作品,是不是也是舞蹈的舞蹈,是给舞蹈家看的?

沈伟:说来好像是给舞蹈家看的,实际上不是的,因为我的观众不只是舞蹈观众,很多是音乐界、绘画界的,包括摇滚作曲家,他们也会看我们演出,很多做视觉的人也会看,文学家也会看。因为这可以帮他们打开一个空间,思维打开之后,写东西也可以从另外一个层面去写。这个新的空间,实际上是在帮你开发你的认识和创作。

我 2009 年的一个作品,叫《纽约公园大道军械库》。当时做这种实景表演的还不是很多,跟观众自然发生的一些空间关系。又在大都会博物馆做,在地铁里做,没有告诉媒体,没有告诉观众,我们就去表演。当时坐地铁的人可以看到这个东西,我们从早到晚,在纽约的任何地点演。

现代舞演员把自己的心声放在空间里,做出一个纯艺术的东西,当时是蛮感人的一幕。以前觉得作品都要放在剧院里看,实际上,那个形式、空间会影响到艺术的发展,为什么不可以突破一下?艺术最重要的是感染力。在那些年,我做了很多这方面的实景表演。比如我做了一个京剧的《二进宫》,把京剧演员和现代舞演员抽象地放一起,是 2007 年的作品。

沈奇岚：您把《二进宫》带到另外一个新的场景，或者是新的语境当中的时候，吸引您的是什么？ 您想把它——不能说改造，而是改变一些什么？

沈伟：我觉得没有改变，完全是我个人的东西。因为我喜欢戏曲，我觉得戏曲是非常宝贵的文化，是几百年留下的，是这片土地上人类共同的文化。它的音乐、声音非常有意思，但是由于不同的认识和创作，可能让它有时候做得很难接受，或者跟人的一些自然的沟通方式有一些距离。但是我觉得这门艺术，非常值得我把它拿到世界舞台上。我就完全做一个新的，去掉一些我认为不太有益的东西，保留我认为最好的东西，让它更强。在世界舞台上，我的观众99%是外国人，看京剧特别喜欢，从来没有看过，觉得很好听，很好看。因为它的艺术价值在那里，并不是说戏曲就是那么老土，并不是说戏曲就不好看，实际上可以把它做好，当然那个难度很大。

沈奇岚：沈伟老师平时绘画跟舞蹈的时间怎么分配？ 什么时候画画，什么时候跳舞？

沈伟：我一年就创作一两个舞蹈作品，还有好几个月的时间我可以去画室，过年放假的时候我在画室。我是不太过节的人，因为对那个没什么兴趣，我觉得一个人过节更好玩，因为在另外一个空间里，可以创造更多的东西出来。

沈奇岚：您进入绘画的创作状态的时候，跟您进入舞蹈的状态有什么不一样？

沈伟：实际上舞蹈很麻烦，需要跟人沟通，我们知道跟人沟通就很麻烦，因为每一个人都有个性、头脑、爱好。我要带几十个人创造一个东西出来，他一定要被你说服才可以。在国外都是这样，你要真的说得很清楚，他真的认同了，才会给你做。因为老外不太喜欢用艺术打工，他们觉得艺术是用心来做的。跟不同的人认识,同时也是磨炼自己的个性,因为你要了解不同的人。我这十几年一直跟不同的人工作,跟人沟通是另外一门学问吧。我们要怎么沟通? 用什么方式? 不同性格的人,有一个人今天不开心了,会影响所有人。我觉得那个过程完全是带十几个孩子的感觉,每个小孩要管得好好的,同时要给的爱也是一样的,不能说你对谁好,对谁不好,这样会制造很多麻烦。同时你还要教他很多事情,创作作品。那个会花很多精力,认识这个社会,认识这个人是很重要的过程。

但是绘画就不一样,因为没有任何人参与,我的助理都不可以进来。我绘画时,没有一个人可以看我画画的过程,这是一个完全用心做的事情,你只要与画笔、颜料、画布对话。这个过程就像写日记的过程,这是没有办法代替的过程,这是一个心灵的过程。

沈奇岚:我很好奇,假设有人想进您的舞团,作为一个舞蹈演员,他在您那儿,会经历些什么?

沈伟:当然进去不容易。

沈奇岚:如何选拔他们?

沈伟:上一次选拔是 2014 年,在纽约,大概有六百多演员来考试,现在留下了一个,就一个。当时我选了四个实习,一个一个地淘汰,现在就剩下一个。六百人里面选了一个,经过两三年的过程,这个过程是非常有意思的。一般演员都是舞蹈学院的研究生,跳了很多年的舞,经过了很多,过来以后要完全开放自己的身体,尝试新的运动方式。这种运动方式也是他没有在学校学过的,实际上他是涨知识,同时思维也受到挑战。因为我要讨论当今这个社会,讨论未来的发展是什么,包括形式、内容、创作方式和一切。这个过程中,演员要跟我一起做很多的试验,他们会觉得很有意思。他们做完以后就会变得很聪明,运动方式也解放了很多,不只是老师教的那些东西。对他们来说,这个经历非常有趣。

从《中国诗词大会》看传统文化的电视传播

▼

方笑一

| 华东师范大学古籍研究所副研究员 |

我在华东师范大学教学，研究中国古代文学，主要是唐宋，也搞诗词，也搞散文。 我原来跟电视业没有任何关系，完全是一个书斋里面做学问的学者。 非常偶然的机会，央视要办《中国诗词大会》这样一档节目，因为它之前办过《成语大会》等等，编导们觉得诗词作为中国古代文化里面非常重要的一个部分，可能会引起观众的兴趣，而且作为央媒来说，弘扬中国古典优美的诗词是文化传承的责任。

当然要征求古典文学研究界专家学者的意见。 央视最早是在 2015 年跟我们接触的，在上海大学，全国范围内邀请了七八十位古典文学的专家，听听大家的意见，可以畅所欲言，对节目构想提出各种建议。 非常巧，我当时正好有时间，也是另外一位老师说，你能不能去跟他们聊一聊，所以我也参加了这个会。

会上说什么的都有，有说我们要弘扬社会主义核心价值观的，也有人怀疑这种电视普及古典诗词的做法是不是可行。 我当时说，电视台做这么一个有关古典诗词的带有比赛性质的节目，最后的发言权在观众手里。观众手里的摇控器是没有办法控制的，他不喜欢了就会换台，任何人都控制不了。作为一个电视节目，如果能够尽量吸引到绝大部分的观众，各个年龄层次、各行各业的人，这个节目就成功了。作为大众的传媒，肯定是这样的。

我觉得这里面就要取一个最大公约数，要把诗词之间的东西，比如包含的情感、背后的意境、相关的知识、优美的语言形式，这些元素中间取一个最大公约数，让各年龄、各阶层的人引起普遍的兴趣，这个是很难的。

要做好这个节目，大概要做到三点。第一，诗词这个东西，里面包含着很好的情感，这些情感不管是古人还是今人，心目中都有，但是我们现代社会太忙了，跟这种很朴素、很美好的情感有点隔膜了，深埋在心底很久了。要让观众看了以后，把深埋在心里的、能够产生共鸣的感情唤醒。

第二，这个节目要带有一定的故事性，因为现在很多传媒上比较吸引观众的内容，一般都有一个故事情节，要有个叙事在那里。你光跟别人讲鉴赏，或者谈一些大道理，观众可能不买你的账。

第三，我觉得要突出技艺。古人写诗，技艺高低有一个竞争，有一个比拼。比方两个人同样写一首七律，同题材的，什么样的诗更好，这里面包含写诗的技术，怎样炼字，怎样造句，怎样对偶。如果能突出这三条，情感、故事和技艺，观众就会比较爱看。

开完这个会，我就继续回学校教书去了。

过了一段时间，对节目设计框架有一个比较一致的意见了，就正式通知说，想请专家到北京出一部分题目。我就这样参加了第一季的命题。第一季得了上海白玉兰综艺节目的大奖，作为初创的节目，在所有央视节目里面收视率排名第四，已经是很不错的成绩了。

台里看到反响很好，就考虑做第二季，基本上还是维持了第一季的命题队伍，包括审题等各个环节，12月份开始录制。整个过程是非常辛苦的，一集基本上要录五六个小时，有时要六七个小时，最后呈现出来的一集是一个半小时。

最后的收视数字是11.63亿，比第一季的4.49亿多得多。最后一集最高的时候，收视率上冲到1.2，第二名的节目是0.7，这是非常让人惊讶的数字，居然有这么多人看这个节目。作为参与者之一，我也觉得很荣幸。

《中国诗词大会》这个节目最后取得了成功，得到了观众和央视领导层的好评，取得了很好的社会效益。我对它的成功之道有一点个人的思考，总结下来有这么几条。

第一，坚持高雅的文化品位。这句话好像很虚，我们做一个传统文化节目，当然要坚持高雅的文化品位，这个不说大家也知道，但做出来之后观众不一定要看，所以这句话好像很虚，但是我后面会讲到实的部分。

诗词基本上属于中国古代精英文化，而不是大众文化，当然诗词也有通俗的，是大众写的，但是主体是士大夫阶层，就是文人，受过很好的精英教育，经过科举制度选拔，受到诗书礼仪的熏陶。

诗词和其他的国学传统有什么差别呢？

实际上诗词有四个很独特的方面：

一，丰富的情感表达。诸子百家不表达情感，而是说道理的。

二，诗词拥有精致的语言形式，跟口语不一样，跟文章也不一样。它的语言形式，特别像近体诗，有严格的规定，好像闻一多先生说过，是带着镣铐跳舞。舞蹈跳得再好，这个镣铐必须要带在身上的，这就是写古诗必须遵守的规则。

三，诗词里面有深厚的人文内涵，不仅是语言形式，它里面有历史的、政治的、文化的内涵，包括民族心理。

四，它反映了中国古代文人丰富多样的趣味，比如下棋、喝茶、交朋友、待客人等等层面。

这是诗词的四个特点。

这些特点，现在我们要用电视这样的传媒来把它呈现出来，《中国诗词大会》做了哪些工作，它的处理方式是怎么样的？ 我自己概括下来，第一个，坚持以诗词本身为核心，而不是以音乐、舞蹈、绘画或者其他形式的表演艺术为核心。 我为什么要提到音乐、舞蹈、绘画？ 因为电视呈现艺术的形式，最方便的是有图像、有声音、有表演的东西，比呈现文本的东西要容易得多。

我们在上海大学开会的时候也曾经有专家说，是不是可以请专业的演员把古诗词的内容表演出来，像小品一样，李白、杜甫、孟浩然、王维等等，孟浩然不肯出来做官，李白见了杨贵妃怎么怎么样，可以演成有情节的东西。 或者请专业舞蹈演员，比如说杜甫的《观公孙大娘弟子舞剑器行》，可以让专业舞蹈演员跳上一段，很美，很吸引观众。

最后这些都没有施行，我从内心也是反对这样的做法，诗词节目一定要以诗词本身为核心，而不是其他的东西，这个要守住，否则就不是诗词大会，变成舞蹈大会了。

第二个，具体做的时候，脑筋要动在怎么挖掘诗词文本本身的意义，怎么整合诗词的相关知识，以及怎样从诗词文化背景着眼，发掘背后的人文内涵。 工夫要花在诗词核心的层面上。

这两点还不够，最关键的是寻找诗词与当下生活，与电视观众的契合点。 古典文学学者写过很多诗词方面的书，也写得很经典，放在书店里面，一般民众根本就不知道，因为他不担负和当下生活衔接的责任，而是纯粹的研究，对象、受众不同。 对央视来说，做这个节目，一定要和当下的生活建立关系，和生活之间尽量找到契合点。

当时出题目的时候大致有一个分工，第一季出题目时，交给我的任务是找一些和当下生活有关系的点，能够激起当代人的兴趣，我就出了一些这方面的题目。 我觉得这个思路被实践证明是成功的。

举个例子，当下的人大学毕业或者硕士、博士毕业，关心求职的问题。中国古代的诗人也需要做官，做官有各种各样的途径，科举考试，唐代需要高官推荐，在推荐者面前会做种种姿态，像孟浩然这种，写一首诗《临洞庭上张丞相》给张九龄，希望能够推荐他，有"欲济无舟楫，端居耻圣明"这样的诗句。这里就找到了契合点。

我觉得《中国诗词大会》有一个非常可贵的地方，它没有把中国古代的诗词神化、矮化或者异化，诗词是非常容易被神化的，因为它是很经典的文本形式，一般大众看起来，诗词是贡在高阁上面的，很伟大，跟我们差距太大了，我们完全够不着，这个是神化。矮化是认为诗词没什么了不起，把诗人丑化了，然后把文本低俗化。还有异化，不再关注诗词本身了。举几个例子来说明一下。

不神化。比方《中国诗词大会》里提到苏东坡对亡妻王弗的思念："十年生死两茫茫，不思量，自难忘。"嘉宾在讲解的时候，是从普通人对逝去妻子的怀念这种情感的角度来切入的。唐代诗人元稹对他妻子韦丛的悼念："惟将终夜长开眼，报答平生未展眉"，我整夜睡不着觉，眼睛一直睁着，来报答你活着的时候一直皱着的眉头。所以元稹写"贫贱夫妻百事哀"，他对妻子的感情很复杂。讲到这些诗句时，选手和电视机前的观众都挺动情的。

还有我刚才已经举的例子，求职的例子，这个大家都比较熟悉，孟浩然《临洞庭上张丞相》。大家一般认为孟浩然是山水诗人，很超脱，很恬淡，其实不是这样，他跟我们现在求职的年轻人有相同的渴求，相同的考虑。

不矮化。比如杨贵妃的姐姐虢国夫人和唐明皇之间的关系，唐明皇不但宠爱杨贵妃，也宠爱她的姐姐虢国夫人，张祜的《集灵台》里面有两句："却嫌脂粉污颜色，淡扫蛾眉朝至尊。"谁嫌脂粉污颜色呢？就是虢国夫人，杨贵妃的姐姐，她觉得胭脂涂得不好，就轻轻地画画眉毛，就去拜见唐明皇了。今天看来，她很有个性，特立独行，但是实际上在当时，我记得嘉宾讲解的时候说，这样一种行为对皇帝是不尊重的，礼法上面是乱的。 整个故事，我们只是把历史文化知识点出来，就到此为止了，并没有拼命渲染他们的关系。 在节目里也没有任何低俗的故事或者语汇。

不异化，就是没有穿凿附会地解释诗词，完全按照学术的规范做，是怎么样就是怎么样。

和当下生活内容对接要注意分寸和限度，不能过分，比如我记得出过这样一道题目，"一骑红尘妃子笑，无人知是荔枝来"，跟快递员结合起来。 因为快递是现在生活不可或缺的一部分，第二季里，北师大专门找了姓曹的快递员采访他，他也很喜欢诗，他写了一首有打油气的诗，观众听了也很感动。

《中国诗词大会》的总体风格是高雅而不高冷的，并没有把诗词搞得拒人以千里之外，但是又很雅致，不低俗化。

第一季时就提出了节目的宗旨： 赏中华诗词，寻文化基因，品生活之美。 这三句话其实很朴素。 一开始制作这个节目的时候，导演组也向各位专家征求了意见，看看有什么好的宣传语可以描述节目。 很优美的句子我也想了好几句，但是最后导演组决定采用的是这么三句朴实的话。 这三句话概括得很不错。 诗词是美的，所以借诗词品生活之美；诗词背后有很深的文化内涵，所以要寻找文化基因，进行文化寻根；诗词是用来欣赏的，不是教你成功学的，要带着一种非常从容的心态，一种对美的追求和感悟来欣赏。 我觉得一下子就切中了观众对诗词类电视节目的预判。

情感性，也是跟观众的对接点。 情感包括几方面，诗词的情感，选手的情感。 有些选手诗词水平不是那么高，但是他们在讲述自己的经历和故事的时候，会让人非常感动。 最让我感动的大概是倒数第二集，姓白的一位河北的农民，得癌症了，讲述了他的故事，我当时忍不住流泪，很多现场的导演也流泪了，很感人。 而且这位选手诗词水平非常高,九道题目全部答完,而且现场的应对非常好,包括对自己的坎坷经历的描述,也没有把自己弄得苦哈哈的,非常正面,很自然。

除了情感性之外,还有竞技性。百人团的攻擂和守擂的形式,很好看。第二季还加了飞花令,我身边的学者和亲戚朋友,不管有没有受过古典文学专业训练,都觉得这个飞花令加得好。

颜芳导演对命题的要求是:熟悉的陌生题。一点都不知道的,观众就不看了,完全知道的也不看了,观众会觉得低估了他们的智商和知识积累,要找一些大家好像懂一点,但仔细讲起来又不懂,好像会背,但又会错一两个字的诗词。

我到现场有明显的感觉,节目之所以吸引人,和舞美设计有很大关系。第二季的舞美设计,现场感觉更好,一个水舞台,里面还有很多墨汁,有的嘉宾或者选手一不当心就踩到墨汁里面。然后是 LED 的大屏幕,展现了春夏秋冬的各种美景,视觉冲击力是很大的。主持人董卿出来以后,身后的屏幕有时候是竹林,有时候是火红的枫叶,感觉很好。节目组对颜色的精工细作到了什么程度,节目录制前一天,导演说凌晨四点才睡觉。我问为什么,他说我们发现水舞台的颜色不对,药水配比出了一点问题,反射的蓝色不对,为了解决这个问题,忙到凌晨四点。

对于命题,我们的态度是非常严谨的。作品要依据权威的版本。古典诗词经过历朝历代传下来,有各种各样的版本,总集的、别集的,宋刻本、元刻本、明刻本、清抄本,不同版本间差距很大,有时候四句诗,每一句都有一两个字是不一样的,所以我们要依据权威的版本。讲到某一个知识点的时候,我们也要做一些准备。知识点必须是可靠的,我们查了很多资料。最后要入题库时,凡是可能会引起学术争议的,我们都去掉了。

每道题目都反复地推敲、讨论、审定。先是各自出题,然后是背靠背审题,张三出的给李四审,李四出的给张三审,这点很好,省得大家到一个圆桌上，引起争论。背靠背审题，最后意见汇总起来，也不知道题目是谁出的，对事不对人，出题的队伍还是比较团结的，大家都虚怀若谷，题目没有异议了就进库。

导演对学术和学者的尊重，这点是非常重要的。我们的意见基本都会采纳、接受。这是很不容易的。我可能原先对电视编导有一些偏见，我觉得导演总归比我们书斋里的学者要野豁豁一点，因为他们接触的人比较多，思路也比较开阔。但一点没有，好像他们就是出题队伍里的一员，感觉也是古典文学学者。

到了这样的程度，我们当然愿意把自己的智慧贡献出来，把自己的知识积累充分地运用起来。

嘉宾本身的影响力和粉丝群也很重要。嘉宾做过《百家讲坛》这样的节目，也有自己的粉丝群，也出过很多普及性的书，这四位嘉宾在文化普及方面起步比较早，民众反响也比较热烈。节目红火跟嘉宾的构成也有关系。

接下来谈一谈对中华优秀传统文化电视传播的看法。

我注意到"两办"《关于实施中华优秀传统文化传承发展工程的意义》里有这么两句话：实施中国经典民间故事动漫创作工程、中华文化电视传播工程，组织创作生产一批传承中华文化基因、具有大众亲和力的动画片、纪录片和节目栏目。像《中国诗词大会》就属于电视节目栏目。这个意见写得挺好的，我很认真地读过一遍，因为各种需要阐明的问题都考虑到了，而且说得比较详细。我特别注意到"传承中华文化基因"的提法。你做传统文化，要把文化基因传承下来，然后还要有大众亲和力，远离大众的也不行，大家要喜欢看，这是传统文化节目进入电视制作的两个定位。我自己觉得有这么几点比较重要。

第一是对观众对于传统文化的热情，要有一个充分的估计。不光是上海，整个电视节目制作都存在一种娱乐过度，或者低俗化的倾向。我参加了节目之后，挺同情电视人的，因为电视节目的竞争是非常残酷的，你按照平常的思维方式做一档节目，很难吸引人，要出奇兵就很容易陷入娱乐过度的倾向里。

很多人认为只有靠这种东西才能吸引观众过来，不上点猛料怎么能让观众不换台呢？我觉得不是这样的，这两年情况在改变，观众的文化层次在提高。观众希望为他们的孩子提供优秀的文化内容，希望下一代接受很好的传统文化教育。大家内心深处渴求的，可能就是这样一个东西，很希望能够看到一些非常正的节目。

我注意到现在的受众对传统文化的关心，早几年是关心历史里面的勾心斗角、争权夺利，讲难听一点就是阴谋诡计。这两年形式发生了变化，早几年追逐历史的波谲云诡的年轻人，现在都像我这个年纪，事业有成了，有些人功成名就了，开始以平常心生活了。他们的审美趣味发生了变化，不需要阴谋诡计，竞争也竞争过了，现在非常向往平淡的、正常的感情世界，整个生活的节奏、生活的状态都是云淡风轻的，对历史的兴趣转移到诗词上。

观众也由知识的获取转向了情感的共鸣，现在获取知识的渠道太多了，微信上面也有，网上也有很多文章，大家觉得获取知识不是太难的事情，获得情感的共鸣是最难的。但是观众很渴求这个东西，当《中国诗词大会》中出现情感性的内容，观众一下子就泪奔了。

还有一种转变，观众由钟情"戏说"转向渴望"正剧"，为什么？戏说的东西看太多了，一开始观众还买账，时间长了以后大家发现，生活有时候比戏说还要丰富，戏说逐渐就缺乏吸引力了。对戏说的厌倦引向了对正剧的渴望，人们要知道一个切切实实的东西，要体会很正面的情感。

接下来要说创新的传播方式，我不是这个专业的，完全是从观众的角度来说。我记得有一本书叫《娱乐至死》，我想在座的很多朋友可能都读过，作者尼尔·波兹曼对这个东西是有所批判的，但从电视制作的角度讲，他提出的三条规律非常精到。

　　他说每一个电视节目都应该是完整独立的，观众在观看节目的时候不需要具备其他知识，我们不能跟观众说，你来看诗词的节目，应该先去看格律的书。不行，我们不能循序渐进，不能苛求观众有基础，而是要做到老少皆宜，大家都可以看，人家又不是来上课。

　　第二个是不能令人困惑，虽然要回答很多题目，但是不能搞脑子，人家看电视是为了放松的，你要他记很多东西，忍受很多东西，凭什么？

　　第三个，你应该像躲避瘟神一样躲避阐述，你可以讲故事，但不能说道理。我来给你说一大套中国的美德，包含一个体系，从孔子开始怎么怎么样，观众肯定换台了。但我跟你说"慈母手中线，游子身上衣"，观众就有情感共鸣了，就想起来爸爸妈妈了，比直接说中华传统美德的体系要好得多。

　　《中国诗词大会》的形式融合了传统的方式，嘉宾点评就是专家访谈加上电视课程的方式，选手提问题，专家回答，等于是专家访谈。

　　传统打擂，等于知识竞赛，通过擂主攻擂和守擂的方式，把知识竞赛的方式更新了。中间有几集，到实地，比如杜甫草堂、山海关吟诵，找了很多小朋友、年轻人或者士兵，很多人在实地吟诵，拍这个场景，等于文化的纪录片。把多种元素、多种传播方式整合在诗词大会里面，所以比较能激起人的兴趣。

　　《中国诗词大会》第一季和第二季之间，包括我们做其他的电视节目，都要考虑现在的网络媒体、微信、微博之间的互动，才能最大程度地吸引观众，祖孙三代一人一个手机答题，还有奖品。

　　谈一谈对地方电视台的建议。SMG 很不错，这么多年了影响力很大，但是我们毕竟是地方的电视台，央视的资源我们是没有的，没有这个条件，收视的情况不能跟它比。但我们难道不可以做传统文化的节目？我觉得并不是，首先要看 SMG 的智慧，地方有地方的特色。

　　第一点，充分发掘地域文化的特点。比如我们做传统文化的节目，上海的传统文化资源，可利用的很多，明清江南文化很发达，明清两代涌现出了很多文人、书法家。

比如松江的董其昌，这样级别的文化大家，身上有很多文化积累，有很多诗文作品，有很多书法作品。 我们是不是已经充分利用了？ 完全可以就地取材，把既有的资源盘活。 如果我们觉得这方面知识有所欠缺，没有关系，我们可以到大学、研究院请专家提供一些建议，因为这些知识对文史专家来讲是非常基础的东西。 关键是要把电视节目做得好看。

第二点，和市民文化活动相结合。 我也参加上海市民文化节，他们请我做一些古诗词表演的评委，我发现市民文化的积极性非常高。他们会用表演的形式、歌唱的形式表演古诗词，当然和《中国诗词大会》不一样，有自己的一套。 可能要花一些心血，电视人要去发掘这样的元素。

第三，充分吸取参与过电视制作，有电视制作经验的专家学者的意见。 有什么好处呢？ 有些学者跟电视传媒经常互动，参与了很多节目，对电视的限制和受众有自己的理解，跟我们完全没有接触过电视的，完全从自身学术出发的人谈出来的观点，对观众的预估、评估完全是不一样的。 完全没有电视制作经验，对于当下生活又不是非常关心的学者，要跟电视人之间形成良性的沟通，我觉得是有一定难度的。特别是学者也会有固执己见的东西，或者习惯性的思维，电视人有电视人的要求，大家谈不拢。 我们要把两方面结合起来，我们要知道电视传媒的受众规律，估计是准确的，这样学术上提出一些东西，才会有吸引力。

特别提醒一点，传统文化节目的观众最不感兴趣的，是和自己没有关系的知识和知识体系，特别是知识体系，知识体系一定要跟他有关，他自己需要。

我在喜马拉雅上做了一个音频的节目，每次跟大家讲一刻钟的诗，我在讲到《春江花月夜》的时候，主要讲诗中对宇宙人生的感悟。看参考资料的时候，我发现很多专家在争论它是不是宫体诗，宫体诗的性质是什么，是哪一型的宫体诗，宫体诗里面分 A 型和 B 型，属于哪一种，闻一多先生对它的判断对不对……这些东西我都懂，但是我一点没有涉及。我想喜马拉雅上听我这个节目的人，听到这些肯定会把频道换了，听别人节目去了。这就是和听众、观众没有关系的知识体系，这个是跟学者有关系的学术体系。

今天就讲到这里，非常感谢大家听我这个外行讲了这么久。

问 & 答：

问：节目的传播和推广非常重要，像《中国诗词大会》这样的节目，用了什么非传统的传播手段？

方笑一：《中国诗词大会》的传播用了一些新的手段，大家都挺感兴趣。其中有一个手段，它在微信上面提供了一种福袋，分男士、女士，点开以后纸展开，卷轴一样的，送给你一帘诗或者一句词，男士和女士是不一样的，勉励或者安慰。这种形式蛮新颖的，几天之内朋友圈都在玩这个东西了，这对节目的推广起到了很好的效果。还包括微信公众号发一些相关的文章和著名的诗词，还有做的小片，采用了多种形式，使观众能走进中国古典诗词的领域。

问：《中国诗词大会》比赛的顺序是随机的，答题的顺序是随机的，事先嘉宾和主持人之间是否都知道这些题目，事先有没有进行一些对词？现场的交流是现场发挥的，还是事先有所准备的？

方笑一：点评的嘉宾应该是对题目有所了解的，因为他要讲跟题目有关的知识，肯定要做一些准备。选手和命题人之间没有任何接触，所以选手我一个都不认识，第一天总导演就说，你们不能和选手直接接触。董卿念了题以后，有很多点是她自己发挥的，但是这些词她自己念过一遍。我感觉整个比赛的过程是绝对公平的，我敢拍胸脯，绝对没有作弊。

问：90后对《中国诗词大会》的关注度怎么样，跟预期是不是相符？

方笑一：我接触的小朋友还是很关注的，比90后还要小的小朋友都很关注。我的老同学们的孩子都很小，大概刚刚认字，据他们的家长说，小孩知道了我是给《中国诗词大会》出题的，亢奋得不得了，立马让爸爸妈妈请我吃饭，要看看我这个人什么样子。小孩子之间有竞争，看到其他小朋友出口成章，古人的事情知道这么多，就也要努力多学一点古诗词，这是一方面。另外一方面，这次有一些十几岁的小孩，比方上海那几位，像姜闻页、武亦姝，很多大人看了都觉得很喜欢。他们也没有刻意讨好大人，人家就是很淡定，在观众面前展现出了非常真实的一面，而且对比赛的胜负看得并不重，而电视观众恰恰看重这一点，很多成年人都做不到。

图书在版编目（CIP）数据

生命的宽度：节目创新与人文思考/上海广播电视台总编室
编.—上海：上海三联书店，2017.9
ISBN 978－7－5426－6035－0

Ⅰ.①生… Ⅱ.①上… Ⅲ.①电视节目制作 Ⅳ.①G222.3

中国版本图书馆 CIP 数据核字（2017）第 189925 号

生命的宽度：节目创新与人文思考

编　　者 / 上海广播电视台总编室

责任编辑 / 陈马东方月
装帧设计 / 朱云雁
监　　制 / 姚　军
责任校对 / 沃琦瑛

出版发行 / 上海三联书店
　　　　　（201199）中国上海市都市路 4855 号 2 座 10 楼
邮购电话 / 021－22895557
印　　刷 / 山东临沂新华印刷物流集团有限责任公司

版　　次 / 2017 年 9 月第 1 版
印　　次 / 2017 年 9 月第 1 次印刷
开　　本 / 640×960　1/16
字　　数 / 130 千字
印　　张 / 10.5
书　　号 / ISBN 978－7－5426－6035－0/G·1466
定　　价 / 48.00 元

敬启读者，如发现本书有印装质量问题，请与印刷厂联系 0539－2925628